光文社知恵の森文庫

花山勝友　監修

[図解]般若心経のすべて

この作品は知恵の森文庫のために書下ろされました。

あなたは
どこから生まれて
きたのだろう

生き物には四つの生まれ方がある

仏教では生き物の生まれ方を母胎から生まれる胎生《たいしょう》、卵から生まれる卵生《らんしょう》、湿ったところから生まれる湿生《しっしょう》、突然生まれる化生《けしょう》の四つに分けます。

たとえば鳥が卵生の代表です。ところが卵は固い殻《から》だけではないのです。私たちのイメージとは違って、魚のなかには特別な酵素《こうそ》を出してすっと卵から稚魚《ちぎょ》で生まれてくるものがあるのです。

湿生はじめじめした暗い土の中から生まれてくる昆虫が代表です。

化生は何もないところからポンと生まれます。その場所が天だったり、地獄だったり、あるいは生まれ変わる途中に人間界に出てしまったりするのです。まさかと思うでしょうが私たちはすべてを知りつくしているわけではありません。なるほどあなたは天人ほど幸せではないし、現世は地獄に近いかもしれませんが、猛火で焼かれたり、寒さのために肌が裂けてもいない。ですから化生ではない。

親から生まれてきたからには胎生には違いないでしょうが、それは犬でも馬でも猫でも同じです。

心も体もあると胸を張っても、ほかの動物とどこが違うのでしょうか。ペットでさえ飼い主に似る心は持っています。

人間がほかの動物と違うのは自分の中に過去・現在・未来という時間軸を意識していることです。過去をふり返り未来を信じられる動物はほかにはいません。

仏教では人間界のほかに五つの世界があります。それが安楽な天界、生存競争に明けくれる畜生、食べ物に苦しむ餓鬼、争いのたえない修羅、人間でいたときの罪のために責めぬかれる地獄です。ふつうの人間はこの六つの世界の中で、生まれ変わり死に変わると考えます。

その生まれ変わりを信仰のもとにしているのがチベット仏教です。チベット仏教では高僧は観音菩薩《かんのんぼさつ》の化身で、人々を救うために人間として生まれた転生活仏《てんしょうかつぶつ》だと考えるのです。ですからその高僧が亡くなると、四十九日以内に受胎《じゅたい》して生まれた子どもを高僧の生まれ変わりとします。

それがダライラマです。じつはダライラマとはデプン寺という寺の住職を指す言葉で、ダライラマは十七世紀以後、国家元首も兼ねています。

釈迦も『金剛般若経《こんごうはんにゃきょう》』の中で「過去、わたしは五百の生涯を忍辱《にんにく》（忍耐を教える）という仙人《せんにん》であった」と述べていますから、少なくとも五百回の人間歴があって、五百一回目の人生で覚《さと》りをひらいて仏の世界を教えたのです。

ところであなたは過去に何回、人間として生まれ変わったのでしょうか……と問われてもあなたには過去世の記憶がありません。

忘れるのは人間だけに与えられた幸せな能力なのです。いやなことや思い出したくもないものを記憶に残していては心が安まりません。そして人間は過去を全部消して生まれ変わりたいときが必ずあるのです。

それなのになぜ釈迦は自分の意志で何百回も同じ人間界に生まれたのでしょうか。それは人間にしかできないことがあるからです。

それは見えない世界と真理が別にあり、ふつうに生きていてはそれに気づけない。しかし人間である間でしか近づけない世界だからです。その世界の姿を伝えるために釈迦は何百回も生まれ変わった。こうして伝えられたのが仏教でした。

四つのどの生まれ方をしても、生き物に共通しているのは時間に限りがあることです。その短い時間のわりには悩んだり、苦しんだりすることが多い。その原因は心が整理できていないからです。

私たちは仏教やキリスト教が生まれた頃に比べれば数百倍、数千倍の情報に囲まれています。たとえばキリスト教は塩の湖と砂漠の中で生まれ、仏教はさらにその五百年前の土にすがった時代に生まれています。ところが私たちは一週間先の天気がわかるようになってもそれが当たり前だと思っています。なのに自分の心がなぜ晴れないのか。

それは自分の心と行動が一致していないからです。いまの社会では行動の基準が「自分の立場」になっているのです。ですから狭い世界の中で同じ立場にいればなれあい、それ以外の人を差別します。さらに自分だけは勝ち残りたいと心も身構えています。

宗教は違います。たとえば「盗むな」「よこしまな関係を持つな」という戒律が仏教にもキリスト教にもあります。戒律にはふつうの人には守れそうもないものが多いのです。

しかし、戒律は人が行動を起こす前に「まず最初に自分の心に問いかけなさい」という注意信号なのです。

はるか昔に覚られ、教えられ、今も生き続け、未来でも不変な真理がある。それに気づく力が心の中に眠っている。それを知るにはまずいまの心を目覚めさせなければならない。そのチャンスを与えるのが宗教です。ですから宗教には心を高く持たせるために、戒律があるのです。

いまのあなたの心は道路に似ています。道路の舗装はクルマのためだといっていいでしょう。都市ではクルマのじゃまものとして路面電車さえ消え、道路を動脈として形のいい高層ビルや街並みが生まれた。

その結果、都市では雨が嫌われものになってしまった。ところが雨がなければ飲み水にも困るし、農作物も育ちません。

ですから知らないうちに自分で作ってしまった心の舗装を一度、はがしてみるのです。こうしないかぎり心は安定しません。

二百六十字あまりの『般若心経』を目印にたどっていけば、無機質な灰色の世界の中にもきっと光が見えてきます。仏像は人間をかたどっていますが、その本体は光そのものなのですから。

目次

なぜ『般若心経』が〝華《はな》の経〟なのか

以前はよく耳にした『般若心経』

インドネシアのバリ島。神々の島とよばれるように、毎日、この島のどこかで神に感謝する祭りが行なわれています。そしてどの家でも毎日、神への供物《くもつ》を欠かしません。満月の夜は特別に大がかりなお供《そな》えが捧げられます。その翌朝、ふつうの生活に戻っても朝陽がさしこむ街の神像に供物を捧げる人がいるのは、この地を訪れた誰もが目にす

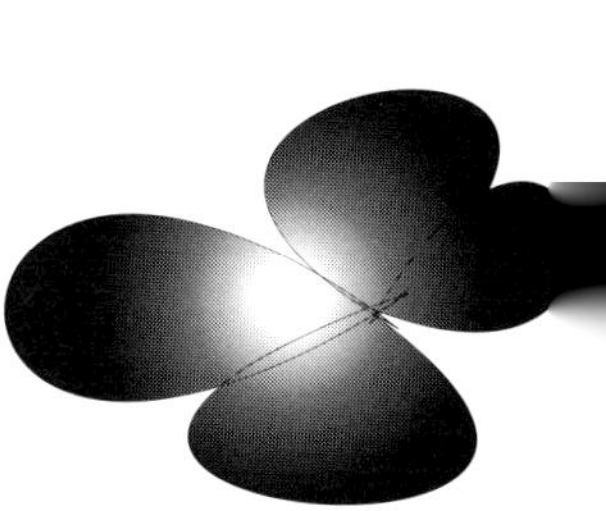

る光景です。

バリ島はヒンズー教の島ですが、日本でも二、三世代くらい前ですと仏壇に供物を捧げ、経を誦《よ》んでから一家の朝は始まりました。そのとき多くの宗派が毎日、誦むお経としていたのが『般若心経』です。それは全文がわずか二百六十字ほどと短いためでしょう。

じつは『般若心経』の「心経」とはエッセンス（真髄《しんずい》）という意味で、正しくは『般《はん》若波羅蜜多心経《にゃはらみったしんぎょう》』といいます。べつに『大《だい》般若波羅蜜多経（大般若経）』という長いお経があり、「心経」はこのエッセンスと考えられているのです。

お経には「空」をテーマにした般若部という経典群が、紀元を挟んで二百年ほどの間に成立しました。

これをインドから持ち帰って翻訳した玄奘《げんじょう》の『大般若経』は六百巻にもなり、ふつう最初と中間と最後の部分が誦まれます。さらにこのお経は「会《え》」というお経からできていて、第九会（部）が『金剛《こんごう》般若経（金剛経）』、第十会が真言宗《しんごんしゅう》でも重要なお経とされる『理趣経《りしゅきょう》』の原典『般若理趣分経』にあたり、それぞれに解説書があるほど難解なのです。

二つのお経の関係を解くカギが、共通な「般若波羅蜜多」という言葉で、これはさらに「般若」と「波羅蜜多」に分解できます。般若とは角のはえた怖い能面《のうめん》ではなく〝仏の覚《さと》った境地〟で、仏教では智慧《ちえ》と書きます。

波羅蜜多の意味は〝仏の覚った境地に渡すこと〟です。ですから「般若波羅蜜多」とは〝仏の智慧の世界へ渡す〟という意味になります。

智慧は勉強して得られる知恵、知識とは違います。二千五百年ほど前の釈迦の教えのなかに、人間は覚りが得られる力を持っているとあり、そのためには自分の中にある気づかないすばらしい力・智慧に目覚めることです。

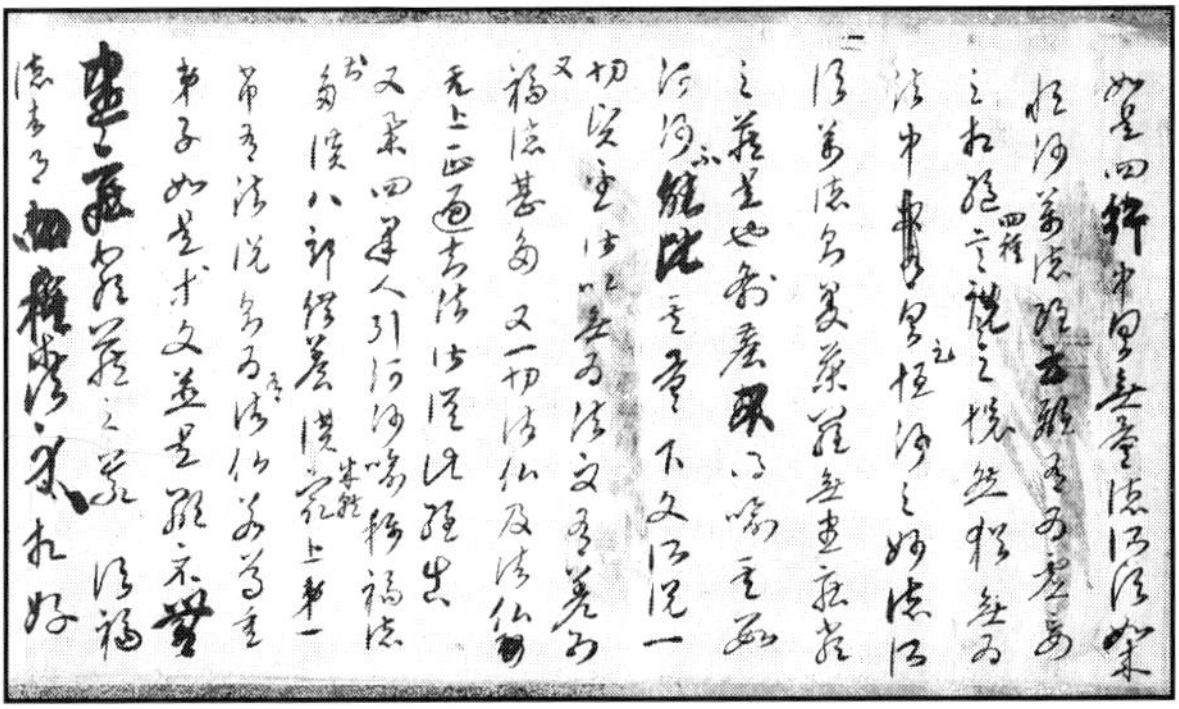

金剛般若経開題残巻（東京国立博物館・蔵）

つまり「般若波羅密多」とは『般若心経』を誦み信ずる人を〝智慧の世界へ渡す〟のです。『心経』は黙読なら一分もかかりません。でもその内容はとても豊かなのです。

このお経が最初に中国で漢字に訳されたのは三世紀の三国時代でした。次に二百年ほどたって中国に入った鳩摩羅什《くまらじゅう》の訳があります

現在、広く使われている訳はさらに二百年近くあとの『西遊記《さいゆうき》』のモデルになった三蔵《さんぞう》法師《ほうし》・玄奘のものです。彼が仏典を求めて千四百年も前にインドを目指したとき、ある寺で病気の僧に会いました。僧の唱える経文がとても尊《とうと》く聞こえたので玄奘は必死で覚えようとします。

しかし意味がわからないまま玄奘はインドにたどりつき、勉学にはげみました。そしてある日、立ち寄った寺で旅の僧を見かけてかけよると、僧はこう言って空に昇っていきました。

「私は観音菩薩である」

これが『般若心経』です。

すべてが〝まぼろし〟なのだ

『般若心経』でよく知られているのは、「色即是空《しきそくぜくう》、空即是色《くうそくぜしき》」の一節と最後の「ぎゃてい、ぎゃてぃ」と唱えられる部分でしょう。

最初の「色」とはいろごと、女性の色香《いろか》、不倫などとは関係ありません。次の「空」を説明する文字なのです。最後の「ぎゃてぃ」以下は最高の秘密呪文である真言《しんごん》だ……と説明されてもわからなくて当然です。

でも少し前の世代では仏壇に向かって意味がわからないまま、『般若心経』を誦んでいた人が数多くいたのです。そのとき、人は利益《りやく》を求めていません。誦めばなんとなく安心できたのです。この習慣は数百年続いたのですが、それがたった半世紀あまりで忘れられようとしています。

こうした毎日ですから、身近な言葉からあげてみましょう。

「行雲流水《こううんりゅうすい》」とは禅でよく使われ、修行僧のことを雲水《うんすい》ともよびます。言葉からは托鉢《たくはつ》をしながら修行を重ねていく僧の姿が思い浮かびます。雲のように自由に、澄んだ水が流れるように修行の旅が続けられるのです。

「雲のように自在に生きてみたい」と人は考えます。

ところが「行雲流水」という言葉は「諸行《しょぎょう》無常《むじょう》」という言葉とペアなのです。この「諸行無常」とは「すべては変化する」という釈迦の覚《さと》りを示しています。釈迦の基本的な覚りを三法印（または四法印）といいます。それが、

諸行無常（この世にあるものはすべてうつり変わる）
諸法《しょほう》無我《むが》（目に見えるものには実体がない）
涅槃《ねはん》寂静《じゃくじょう》（覚りを得た世界は永遠に静かである）

です。まず、「この世にあるものはすべてうつり変わる」と釈迦は覚ったのです。しかしその裏には「だから仏の智慧《ちえ》を知り、その覚りにそっていまを大切に生きなさい（出家した人なら一瞬でも修行を怠《おこた》ってはいけない）」という意味がこめられています。さらにもう一つをつけ加えると、

一切皆苦《いっさいかいく》（生きるとは苦である）

と断言されてしまいます。これが四法印です。

雲水は、言葉どおり野宿《のじゅく》は当たり前のきびしい修行です。

僧の修行と同じで、すべての生きものには生きるルールが必要です。恐竜の時代でも〝弱肉強食〟がルールでした。いまでは恐竜とはまったく別種だと思われている鳥も、その祖先・始祖鳥《しそちょう》は一億五千万年前、恐竜から進化したとも言われます。生き物の形は想像もつかないほど変化するのですが、人間の社会は自然界でいちばん不平等な〝弱肉強食〟の姿になってしまいました。

しかし生物の頂点には意志と行動が一致した人間がいるはずです。

その人間には心の拠《よ》りどころになるものがいくつかあり、そのひとつが仏法なのです。「法」という言葉がきゅうくつなら、「規範《ルール》」という言葉に置き換えてみてください。つまり釈迦の覚った「ルール」に従うのが仏教です。体に食べ物が必要なように心にも拠《よ》りどころとなる「法」が必要です。ですから仏教に限らず人間の「心のルール」を知り、守ろうと生きた人の一生が豊かなのです。それがすべての宗教に一貫した考えでしょう。

釈迦の時代では、出家した男性は比丘《びく》、女性は比丘尼《びくに》とよばれていました。この比丘とは「食を乞《こ》う者」という意味です。釈迦はいっさいの生産活動を禁じ、瞑想《めいそう》と修行を出家者に求めました。

「行雲流水」に似た言葉に「乞食遊行《こつじきゆぎょう》」があります。これは食べ物はもらいながらも、遊ぶように修行ができればとても幸せという意味ですが、ここでも修行者はやはり「食を乞う者」です。釈迦は「自分の持っているものを分け与えられない者を悪人という」と断言し、さらに修行の場は「あまり集落から離れていないで、静かに修行ができる」という条件を出しています。なぜなら人里から離れた場所では信者から食事をもらえ（布施《ふせ》）ないからです。

僧も修行中は生身《なまみ》ですから、空腹には耐えられません。ですからミャンマーやタイなど東南アジアの仏教が盛んな国では僧が托鉢《たくはつ》して食事をもらうのは日常の光景です。じつは日本でも仏教の基本は同じで、僧は修行や布教のために全国を歩く「食を乞う者」が本来です。ところがいまではふつうの人には他人に何かを与える、布施をする気持ちがまったくない。これでは僧は修行さえできません。

それは逆に僧の側から言うと「与えられた食事に注文はつけられない」のです。釈迦が亡くなった原因は布施された食事で食中毒になったのです。食事にまぎれこんだ毒キノコにあたって八十歳で亡くなってしまいました。

べつに豚肉にあたったという説もあります。となると精進料理《しょうじんりょうり》をはじめとして牛はもちろん、魚や鳥や昆虫まですべての生きものの殺生《せっしょう》を禁じた仏教とは違ったイメージが浮かんできます。

事実、仏教には「虫一匹も殺してはいけない」とする教派もありますが、現在、活躍されているダライラマ十四世でさえ「菜食主義に徹していたら二十三カ月目にドクター・ストップがかかった」と正直に述べているくらいですから、肉食も厳禁されていません。釈迦が信者に禁じたのは自分が食べるもの以上の殺生でした。

お経はあなたをうつしだす鏡

殺生や空、さらには地獄といったイメージから仏教を陰気《いんき》で抹香臭《まっこうくさ》いと思うのは、葬式とまぜこぜにしたのが原因です。

ところが釈迦は自分から「私は疲れた」と入寂を告げたあと、高弟からの葬儀をどういたしますかの問いに「在家の信者にまかせ、修行にはげみなさい」といったように仏教と葬儀とは関係が薄いのです。

もう一つ日本人には『平家物語』の「祇園精舎《ぎおんしょうじゃ》の鐘の声、諸行無常の響きあり」のイメージだけが残っているのです。日本の伝統芸能の多くは仏教から生まれています。たしかに祇園精舎は釈迦の教団の修行場の一つですが、そこにはわびしさも寂しさもありません。『平家物語』も十二世紀頃の弁の立つ僧の説経が源流といわれます。

仏教が葬儀に加わるのは貴族の間では十世紀の平安時代から、民衆の間では鎌倉時代に立教された日蓮宗、浄土真宗、臨済宗、曹洞宗などの力が大きいのです。

日本でも昔は庶民の死者はそのまま野仏《のぼとけ》になることもめずらしくありませんでした。ただ、その間も飢えや疫病《えきびょう》で多数の死者が出たとき、供養《くよう》を行なった僧もいました。しかしこれは仏教の「慈悲」の心から行なわれたのです。このときに唱《とな》えられるお経が死者にも届き、冥福《めいふく》を祈るのにいいと思われたのです。

いま、葬儀で聞くお経も意味がさっぱりわかりません。それどころかリズムもメロディもないように聞こえます。しかし、この「日常にないもの」に「ありがたい（有り難い・この世にはない）」ものを感じたのがわたしたちの祖先のすごさです。

仏教が渡来する前から、人間は死ぬと懐かしさ、さらに果たせなかった夢や怨みから「荒霊《あらみたま》」になります。それが供養によって平穏をもたらす「和魂《にぎみたま》」になっていくと日本では考えていました。荒々しいものから平和なものへ魂が変わるのが日本人独特の「霊魂の昇華」という考え方で、その心に仏教がとけこんだと専門家は指摘しています。

仏教イコール葬儀というイメージを決定づけたのは江戸時代の本《ほん》末《まつ》制度《せいど》と檀家制度《だんかせいど》です。まずキリスト教対策のため本山の下に宗派ごとに寺を統合したうえ、新しい寺院を作ることを禁止したのが本末制度です。さらに人々の生活に影響したのが檀家制度でした。すべての寺に登録された住民がキリシタンでないことを証明させたのです。こうして戸籍から旅行までが寺院の管理になり、この制度からはずれたのが無宿人です。

なぜ、そこまでキリスト教を恐れたのでしょう。それはキリスト教が現世での利益を否定し「神の国に富を積む」ことを重視するからです。聖書の有名な一節に、「しかし、言っておく。栄華を極めたソロモンでさえ、この花の一つほどにも着飾ってはいなかった。今日は生えていて、明日は炉《ろ》に投げ込まれる野の草でさえ、神はこのように装《よそお》ってくださる。まして、あなたがたにはなおさらのことではないか。信仰の薄い者たちよ。だから、『何を食べようか』『何を飲もうか』『何を着ようか』と言って、思い悩むな」（『マタイによる福音書』）とあるように、個人の心にウエートがおかれ、身分制や鎖国で体制を固めようとしていた当時の政治にはきわめてふつごうだったのです。

しかし本末制度と檀家制度は寺院を現世に縛りつける危険もはらんでいました。

政治が宗教を利用したためです。

いま都市では墓は高価なものです。しかし、ふつうの人が墓を建てるようになったのはごく最近なのです。明治以後、生まれた土地を離れて都市へ出ていく若者が増え、一家が集まるのは盆と正月、あるいは葬儀や結婚式くらいになってきます。すると一家のモニュメント（記念碑）として墓が重要になったのでしょう。つまり経済力が向上したので暮らした場所に誰もが墓をほしがるのです。

しかし、ただの墓石や土があなたに語りかけるのではありません。あなたの心が墓に語りかけているから「信仰」が生まれ、あなたの心がいやされるのです。

毎日、繰り返されている読経《どきょう》や写経でも、その意味がわからなくてはただのおまじない、自己満足に終わってしまいます。ほんとうの心の拠りどころがなくては次の時代の踏み切り板に立つ資格さえないのです。

悩みを数ミリグラム捨てる

寺に参拝する、墓に花を供える。自然にそうしたなら、それは仏教の入口に立ったことです。なのに、なぜ宗教にも無党派層が増えたのでしょう。それはちょっと前に宗教観を忘れたからです。

人間は生まれるときも死ぬときも本人の意思とは関係がありません。あなたがどんな秀才でも生まれた瞬間の記憶はないはずです。と同様に、自分の死がどんなものか他人に教えられないのです。〝生と死は意識できない〟のが人間の宿命です。

ですから釈迦が出家した動機の一つは〝生と死の間の時間をどう生きるか〟でした。

人間が石や草、あるいはペットと違うのは、このテーマが自分にとって最大の問題だと認め、自分で解決しようと向きあえることです。ところが実際に起こるのは自分にあわない世界はテレビのチャンネルを変えるように「滅ぼすか逃げる」、「死んだらまたリセット」というゲームのような現実なのです。

それがわかってくるにつれて、やっと人間は自分の心に答えを求めるようになりました。そのときに頼りになるのが日本人の言葉とひとつになっている釈迦の覚り、それを体系化した仏教です。

悩みをすべて捨てるには僧となって修行にはげむしかありません。でも悩みを数ミリグラム捨てるには釈迦の覚った境地を知り、そこから自分と他人とのつながりをもう一度、見直してみればいいのです。

釈迦でさえ「いろいろな世界があるが、人間（界）ほどおもしろいものはない。仏や天人の世界、動物の世界や地獄まであるのが、（人間だから）生きているうちにわかる」と述べているのですから。

流れていった雲や水は二度と目にできません。心も同じように一瞬で変わります。『般若心経』が〝華の経〟といわれるのは、汚れた世界に根をおろしながらも、咲く蓮《はす》の花がお経と重なり、そのなかでもひときわ大きい白い蓮に思われたからでしょう。

中国の気功には、長い間、その家の人だけに伝えられているものもあります。しかし、どの気功法でも目標は心身ともに健康でいることです。それに比べ、私たちは自分が見える「身」ばかりをだいじにしすぎたようです。

仏説《ぶっせつ》摩訶《まか》般若《はんにゃ》波羅蜜多《はらみった》心経《しんぎょう》

観自在菩薩《かんじざいぼさつ》　行深般若波羅蜜多時《ぎょうじんはんにゃはらみったじ》　照見五蘊皆空《しょうけんごうんかいくう》　度《ど》
一切苦厄《いっさいくやく》
舎利子《しゃりし》　色不異空《しきふいくう》　空不異色《くうふいしき》　色即是空《しきそくぜくう》　空即是色《くうそくぜしき》　受《じゅ》
想行識《そうぎょうしき》亦復如是《やくぶにょぜ》
舎利子《しゃりし》　是諸法空相《ぜしょほうくうそう》　不生不滅《ふしょうふめつ》　不垢不浄《ふくふじょう》　不増不減《ふぞうふげん》
是故空中《ぜこくうちゅう》　無色《むしき》　無受想行識《むじゅそうぎょうしき》　無眼耳鼻舌身意《むげんにびぜっしんい》　無色《むしき》
声香味触法《しょうこうみそくほう》無眼界《むげんかい》　乃至無意識界《ないしむいしきかい》
無無明《むむみょう》　亦無無明尽《やくむむみょうじん》　乃至無老死《ないしむろうし》　亦無老死尽《やくむろうしじん》　無苦《むく》

集滅道《しゅうめつどう》　無智亦無得《むちやくむとく》　以無所得故《いむしょとくこ》
菩提薩埵《ぼだいさった》　依般若波羅蜜多故《えはんにゃはらみったこ》　心無罣礙《しんむけいげ》　無罣礙故《むけいげこ》　無《む》
有恐怖《うくふ》　遠離一切顚倒夢想《おんりいっさいてんどうむそう》　究竟涅槃《くきょうねはん》　三世諸仏《さんぜしょぶつ》　依般《えはん》
若波羅蜜多故《にゃはらみったこ》　得阿耨多羅三藐三菩提《とくあのくたらさんみゃくさんぼだい》
故知般若波羅蜜多《こちはんにゃはらみった》　是大神呪《ぜだいじんしゅ》　是大明呪《ぜだいみょうしゅ》　是無上呪《ぜむじょうしゅ》
是無等等呪《ぜむとうどうしゅ》　能除一切苦《のうじょいっさいく》　真実不虚《しんじつふこ》　故説般若波羅蜜多《こせつはんにゃはらみった》
呪《しゅ》　即説呪曰《そくせつしゅわつ》
羯帝《ぎゃてい》　羯帝《ぎゃてい》　波羅羯帝《はらぎゃてい》　波羅僧羯帝《はらそうぎゃてい》　菩提僧莎訶《ぼじそわか》
般若心経《はんにゃしんぎょう》

一章

心はどんな形をしているか

だれもが
うやむやな毎日を
うろうろしているのだ

有漏地《うろじ》より無漏地《むろじ》に帰る一休み
雨降らば降れ風吹かば吹け

という句が、とんちで有名な一休禅師の名のもとになりました。有漏とは仏教で迷いと欲にあふれた現世をさし、無漏とは覚りを得た安定した心の世界をさしています。

ですからこの句は「生きているうちは苦しいが、それはわずかな時間だ。やがては悩みのない世界に帰れるのだから、なにが起きようが怖くはない」という人生の応援歌のようにもとれるのですが、少し仏教を知るともっと味わい深いものになります。

句にある「有漏・無漏」をもっと分解すると「漏」はサンスクリット語ではアスラーヴァというので、中国で意味の似た字をあてたと思われます。サンスクリット語など縁がないと思うでしょうが、この字は卒塔婆《そとうば》に書かれたり石像に刻まれているので、見知っているのですが、気づかないだけです。

お経はもともとパーリ語だったのが、サンスクリット語に訳されたといいます。インドで文章にされ始めたのは紀元前三世紀頃からで、それまでは口伝えだったのです。これを漢文に翻訳したものを日本ではそのまま読誦《どくじゅ》するので、ふつうの人は聞いてもわからないのです。

漢文に翻訳するときの決まりを「五種不翻《ごしゅふほん》」といい、翻訳によって意味がまったく変わったり、インドにあって中国にないものや真言や陀羅尼《だらに》という秘密文など五種類は翻訳しません。

つまり「漏」という考え方がもともと仏教にあったわけです。「漏」は樽や桶から水や油が漏れることです。人間ではなにが漏れだすかというと、心の中から欲が原因になって迷いやねたみが漏れるのです。

インドから北に伝わった仏教、その心の動きをたった一字で表現できるほど中国の文化は進んでいたわけです。考えてみれば釈迦が布教していた紀元前五～四世紀には中国にすでに孔子《こうし》がいて儒教《じゅきょう》の教えがあり、地中海にはソクラテスに代表されるギリシャ文化がありました。そして日本はまだ縄文《じょうもん》時代が終わろうかという時代だったのです。

日本に仏教が伝来したのは、それから千年以上もあとの六世紀初めから中ごろにかけて

三宝

仏・法・僧が仏教では敬う対象です。仏は覚りをひらいた人、法はその教え、僧とは教えを守って修行する教団で個人を指してはいません。現在では仏像・経典・出家と考えればわかりやすいでしょう。

です。

その仏教を中心に国を創ろうとしたのが七世紀初めの飛鳥《あすか》時代《じだい》、聖徳《しょうとく》太子《たいし》でした。太子は「あつく三宝をうやまえ」という言葉を残したように、仏教を政治の根本に据えようとしました。また法隆寺を建立し『三経《さんぎょう》義疏《ぎしょ》』という日本で最初のお経の解説書を編《あ》む知識人でもあったのです。いってみれば太子は最新の文化を国家の基礎にしようとしたわけです。

その三経、三つのお経とは『法華経《ほけきょう》』『勝《しょう》鬘経《まんぎょう》』『維摩経《ゆいまきょう》』です。『法華経』は国家鎮護、『勝鬘経』は女性の信仰の心得、『維摩経』は庶民信者の指針と考えられたようで

三蔵

経　経典

律　十善戒

論　経典の注解

経は釈迦の言葉、律は教団の戒律、論は解釈や注釈をいいます。釈迦の教えがはじめて「三蔵」が時間とともに完成されたのです。このすべてにくわしい僧を三蔵法師とよび、インドから経典を持ち帰って翻訳した玄奘が有名です。

す。

太子の政治は現代でも善政の見本といわれるほどですから、その姿を像にして礼拝するようになったのです。もし僧になっていたら日本人で最初の三蔵法師とよばれていたにちがいありません。

ですから「有漏・無漏」という考え方は仏教とともに日本に伝わったのです。事実、「うろ覚え」とは前世のあいまいな知識をさします。

自分の迷いや欲からさらに大きな間違いをおかして、老いて死ぬという宿命にある人間に生まれてしまう。その原因が有漏、つまり人間に生まれるのは前世のあなたの煩悩が原因なのです。

一方、一休禅師は聖徳太子から約九百年もあとの十五世紀・室町時代《むろまちじだい》の人です。そのころには仏教が日本に根づき、「経《きょう》・律《りつ》・論《ろん》」の三蔵をともにマスターしようとどの僧も願っていたでしょう。

ですから当時としては新しい宗派にあたる禅の僧だった一休は、自分の心を仏教の基礎用語でさらっと述べたのでしょう。

「うやむや」を漢字で「有耶無耶」と書きます。じつは「うやむや」は仏教ではかたよりのない心のよい状態を指しているのです。

「耶」は「かもしれない」という疑問の文字なので、意味があるのはここでも「有・無」の二文字です。「無」とはうつろでむなしい「虚無《きょむ》」ではなく、仏教では「空」の状態を表わします。

これが『般若心経』の「色即是空　空即是色」でいう「空」です。この「空」を理解するのが目標ですが、それには少しまわり道が必要です。

仏教を生んだインドは数学上も重要な発見をしています。それが「ゼロ」の発見です。

ゼロとは貯金通帳の残高を示すのではなく「なにもない」こと。

ここから減るものもなければ、変わるものもない状態です。ですから汚れもしなければ、生まれるものもありません。

このゼロの状態と「空」のさす境地は非常に近いのです。私たちはゼロの下の桁を知っていて、それに敏感に反応するほうが現代的だと思ってきました。しかし、仏教はゼロや一といった整数に人間の心を戻せといっているのかもしれません。

ですからいきなり「空」を知ろうとしても、お金がなくては暮らしていけない私たちには理解しにくい境地なのです。しかし、逆に失うものをたくさん持っている人たちや権力者よりも、私たちのほうが仏の智慧に近づけるチャンスが多いのです。

どんなにブランド品を持っていようが一度に二足の靴ははけません。何枚もブランド品を重ね着はできません。人間の欲望は満足をしりませんが、その欲望を起こしている心の中を少し整理してあげるだけでずっと心を安定させられるのです。

こうしたことからヨーロッパでは「仏教は宗教ではなく心の科学」ともいわれます。

心はどこにあるか

人間の知覚や記憶はすべて脳に頼っています。だから脳が心だと思いこんでいましたが、最新の学説には心は別だとするものがあります。

その説によると心は胸の上のほうに複合されて働く機能らしいのです。となると「胸が痛む」「心が沈む」という表現がぴったりしてきます。

事実、見えるものしか信じられないというのは、いまの日本人が抱える大きな間違いです。その証拠にアメリカの大統領でさえ就任式で自分の使命をはたすことを神に誓います。しかし大統領は神の子でもなければ、神に出会ったというエピソードも知らない。それでも大統領になるときには神に誓うのです。

では日本の権力者は自分の使命をまっとうすることを誰に誓うのか。それはあなたに対してなのです。ところがそのひとりひとりが神や仏の世界を知らず、見えるものしか信じなくなったから混迷《こんめい》が続くのです。

お経には「恒河《ごうが》」という言葉がよく出てきます。ガンジス川のことでヒンズー語ではガンガーといい、この例からもお経がうまく漢字化されているのがわかります。実際には「恒河沙」と使われることが多く「ガンジス川の砂」、これは数えきれないほど多いという意味です。

もちろん「恒河」は自然そのものですから、お経を誦んでも当時の日本人には想像もつきません。それでもお経を読む人は想像力をふりしぼって仏の世界を心に描こうとしていたのです。このように心の拠りどころがあれば小さな希望が生まれるのです。

そのお経も今の形になるまで数百年かかり、さらに宗派によって中心におかれる経典が違います。日本の多くの宗派では『般若心経』が重んじられるのですが、浄土真宗や日蓮宗（法華宗《ほっけしゅう》）は別なのです。これはお経が家で読誦されていた頃は常識でした。

仏教の特徴に経典が多いのも原因です。キリスト教なら「聖書」、イスラム教なら「コーラン」という貴重な聖典にたどりつくのですが、仏教は俗に「八万四千の法門（お経・教え）」といいます。「八万四千」は多数という意味でしょう。

もともとお経は釈迦が亡くなったあと、弟子たちが釈迦を惜しんで集まり、教えが残る

最初の経典の編集（結集）は釈迦の没後、すぐに行なわれましたが、このときは暗記していた釈迦の言葉を確認することでした。
羅漢とは「尊敬されるべき人」という意味で声聞乗という修行の結果、得られる最高の位ですが、現在では覚りを得た人と考えられています。

ようにしたのが始まりです。最初の集会に集まった弟子たちは五百人といわれ、「自分に似た顔がかならずある」という五百羅《ら》漢《かん》の像はこの言い伝えを仏像にしたものです。

ですからお経をたどっていくと釈迦の言葉に行きつきます。宗派によって重要とされるお経が違うのは、おおざっぱにいえば釈迦のどの考え方にポイントをおくかの違いです。

ですから、まずは釈迦に戻ってみます。

釈迦は紀元前四六三年に、現在ではネパール領のカピラ国の王子として生まれました。父が国王の称号を持っていたので王子とよばれるのですが、じつは種族同士の支持でなりたった共和国でした。それでも支配者にはかわりありませんが「神の子」ではなかったのです。父を浄飯王《じょうぼんのう》、母を摩耶夫人《まやぶにん》といいます。

時代は司祭階級であるバラモンがトップで、次が釈迦の属した王族・武士（クシャトリヤ）でした。この身分制はのちのヒンズー教にも受け継がれたため、インドの発展には障害となりました。

釈迦というとやさしい如来像を思い出しますが、ガリガリにやせた苦行像や腕枕《うでまくら》で横たわった涅槃像《ねはんぞう》もあります。もしあなたの近所のお寺で「花祭り」が行なわれていれば、そこで出会えるのが甘茶《あまちゃ》をかけられている生まれたての釈迦像・誕生仏で、そのお祭りを「灌仏会《かんぶつえ》（降誕会《ごうたんえ》、仏生会《ぶっしょうえ》）」といいます。

誕生仏は母の右脇から生まれて、前後右左、さらに上下と歩き、七歩目に天地をさして「天上天下唯我独尊《てんじょうてんげゆいがどくそん》」と最初の教えを説いた釈迦の姿です。このとき空からすばらしい匂いの雨がふって産湯《うぶゆ》になり、空には龍が舞い無数の花びらが舞い落ちたといいます。

上下をどうして歩けるのか理解できませんが、誰も否定できる証拠は持っていません。

「すべての世界で尊いものは私だけである」と宣言しても六年にわたる苦行と四十五年あまりの伝法が釈迦を待っていました。七歩目にこう宣言したのは生き物が流転する六道を解脱した証拠と言われます。

私たちにはない能力があったのかもしれません。インドには釈迦の八大聖地があり、祇園精舎のあったサヘート・マヘートもその一つですが、ある日、釈迦はここから天に昇って母に会い、天上の人々にも教えを述べ、三カ月後に地上に舞い戻ったとされています。覚った人が得られるという神通力《じんつうりき》が信仰心の薄れにつれて私たちにはわからなくなったのかもしれません。

だから否定もできないのです。ただ釈迦への熱烈な思いが消えなかった、それが奇跡や不思議な話を残したとはいえるでしょう。これは日本の仏教も同じで、宗祖《しゅうそ》の残した言葉をお経とともに誦む宗派も多いのです。

ですから仏教は理論から入らなくても、こうした名僧の人物像からも近づけるのです。するとその人が何に悩み、どう解決していったかがわかり、自分が見えてきます。

たとえば外国語をマスターする秘訣《ひけつ》は外国人を愛すればいいとよくいいます。するとと真言宗を開いた空海が中国でインドから来ていた高僧から、わずか半年で完全にサンスクリット語をマスターした理由もそれなりにわかるでしょう。

空海だけでなく中国に渡った日本人の僧は釈迦の教えを学び、伝えることに愛以上の強い使命感を持っていたわけです。

ところであなたの心を図形にしたら、△でしょうか□でしょうか、それとも○でしょうか。ふつうは○を選びます。じつは○は禅では空一円想《くういちえんそう》といい、煩悩の中では最大の欲の炎を消して心が安定した状態をさすのです。

心理学がなかった時代でも、このように仏教は心の状態をいいあてています。

自分を飾るから心がなくなる

釈迦が王子だったときの名前がゴータマ・シッダールタです。母は彼を生んで七日目に亡くなったので、ゴータマは叔母《おば》のマハープラジャパティに育てられました。のちに叔母は最初の女性出家者（尼）となります。

高僧が「釈迦は早く母を亡くしたので、老・病・死を考えるようになったのではないか」と話されていましたが、こうした悩みを抱えながら成長したゴータマは従姉妹《いとこ》のヤショダラーと結婚して男の子をもうけます。子どもの名はラーフラ（羅睺羅）。ところがそのあとに釈迦は身分を捨て、苦行に入っています。その理由は「生・老・病・死」が人間の宿命なのに、なぜ自分だけはそうならないと思いこみ、のんびりと暮らしているのだろうか、ということでした。

釈迦が修行の道に入ったのは二十九歳で、以後、六年の苦行と深い瞑想によって覚りを得たのです。覚りとは迷いを消し、迷いの起きる原因を明らかにし、その境地を超えた世界が存在し、その世界に導く方法があることが明らかになったことです。

この段階で釈迦は仏になった。これが成仏《じょうぶつ》の正しい意味です。

ここで「天上天下唯我独尊」の約束が果たされたわけで、これからみていく煩悩からの解脱《げだつ》、それによって心が安定する境地、それを他人とともに実践していくという心の成長ステップに沿っているのです。

釈迦とはシャキャー族出身の聖者という意味のシャーキヤムニを釈迦牟尼と漢字に置き換え、それを略したものです
仏教は急速に信仰を集めました。それが近隣の国まで広がったのは釈迦から百年ほどあとの紀元前三世紀のアショカ王の時代で、王が仏教を政治の基本としたうえ、仏教使節をエジプトまで送ったくらい熱心な信者だったからです。

そのアショカ王が千人の僧を集めて開いたのが第三回の経典の編集、それが結集《けつじゅう》ですが、それより前に教団のなかで論争が起こりました。それが上座部と大衆部《だいしゅぶ》の対立です。

上座部の人は釈迦はきびしい修行のすえに覚りを開いたのだから、僧は厳重な戒律を守って修行するのが正しいと唱え、一方、大衆部は釈迦も含めてほかにも覚った仏はいる。

三宝

覚りを得た仏・その教え(法)・教団(僧)をうやまう

四聖諦

四つの正しい智慧を知る

八正道

その智慧を実践する八つの方法がある

「三宝」は現在では仏像、お経、仏教教団と考えればわかりやすいでしょう。
正しい心の持ち方は三宝をもとに、四聖諦の心で自分を見つめ、八正道を行動のルールとします。

その仏の導きは僧だけでなくふつうの信者にもおよぶと考えました。大衆部は人々の救済を大きな船にたとえたので大乗仏教といいます。

上座部仏教を現在では東南アジアに残ったので南方仏教といい、中国など北へ伝わったのが大乗仏教で、日本の仏教は中国経由なので大乗になります。たしかに南方仏教のほうが戒律も数多いのですが基本は同じ釈迦の覚りです。

それを端的に示しているのが『法句経《ほっくきょう》』です。これは初期のお経なので、偈《げ》という詩の形で書かれ、釈迦の体温が伝わってくるような入門書です。原題は『ダンマパダ』で『真理の言葉』という意味です。この中で釈迦は「三宝に帰依すれば四つの正しい知慧が得られる」と語っています。

四つの正しい知慧を「四諦《したい》（四聖諦《ししょうたい》）」といいます。「諦」とは要諦《ようてい》、つまりポイントで現在の諦《あきら》めとはまったく違います。

まず釈迦は、

一　苦《く》……生きることは苦である。

二　集《じゅう》……なぜ苦が生まれてしまうのか。

三　滅《めつ》……苦はどうすればなくせるか。

四　道《どう》……苦をなくすには八つの方法がある。

と断言しているのです。生きることは苦しいのが真実なのです。なぜ苦しくなってしまうか。それは欲望という煩悩が原因です。

だからといって食欲まで否定しているのではありません。その煩悩の正体は「八つの実践法（八正道）」から見ると、もっとはっきりしてきます。八正道の内容は次ページの図表を見てください。

1　四聖諦をもとに見なさい
2　四聖諦をもとに考えなさい
3　真実を語りなさい
4　清らかに生活しなさい
5　教えに従いなさい
6　欲望を消す努力をする
7　正しい道だけを考える
8　集中して清浄な境地を

八正道

漢字だけで書くと１正見　２正思惟（しょうしゆい）３正語　４正業　５正命　６正精進７　正念　８正定（しょうじょう）となります。

たとえば三番目の「正語」の反対は悪《あっ》口《く》、不綺語《ふきご》です。悪口はそのままわるくちですし、不綺語とは釈迦の覚りとは違うことを言って、相手にあわせる。その場かぎりのごますりとかご機嫌とり。

六番目の「正精進」とは「あれがほしい、これもちょうだい」と必要以上のものをほしがらないことです。

きびしいようですが、よく見れば釈迦の基本の教えは「こう考えて生きなさい」という生き方の指針だけなのです。

八つの実践法の一つでさえ満足できないのがふつうです。でも「本当の気持ちを話したい」「清らかな生活をしたい」と誰も心の底では思っています。それなのに苦はさけて通りたいのです。しかしそう考えている間は心が休まりません。

どんなに楽しくても悲しくても無明に帰る

四諦は逆の順序、最後の「苦をなくしたい」という希望から入っても、結論は同じで「生とは苦」に戻ります。釈迦の覚りにはまったく矛盾がないのです。

これは〝すべては縁起から生まれる〟という釈迦の現世観でも同じで、十二縁起といいます。

縁起とは「人びとの苦しみには原因があり、人びとのさとりには道があるように、すべてのものはみな縁によって生まれ、縁によって滅びる。雨が降るのも、風が吹くのも、花が咲くのも、葉が散るのも、すべて縁によって生じ、縁によって滅びる」と『勝鬘経《しょうまんぎょう》』というお経に述べられています。

1 無明
2 行
3 識
4 名色
5 六処
6 触
7 受

つまりすべてが網目のようにつながりあっていることを「縁起」というのです。

これがあなたのいる世界の法則です。これは「親と子」「彼氏と彼女」といった縁ではありません。親が死んでも子は生きていますし、男女は別れるものです。縁起は自然と人間のようにどちらかがなければ、両方とも存在できない関係をいうのです。

ここでは1の無明《むみょう》から12の老死《ろうし》へ向かっていますが、これもまた逆にたどれるのです。

人は毎日、老化します。ところが11番目の生・誕生がなければ老いて死にません。

10番目の有《う》とは輪廻の輪のなかに取り込まれたことで、輪廻しなければ人間には生まれない。その前の9の取《しゅ》は執着ですから、執着をなくせば生まれ変わりたいという欲望

8 愛
9 取
10 有
11 生
12 老死

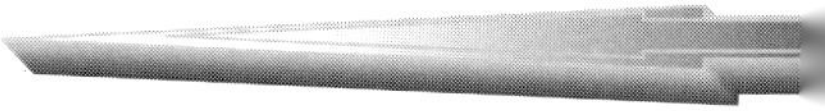

も消えます。

1・無明から始まる人生観を順観、逆に最後の12・老死から考えるのを逆観といいます。どちらにしても人間は生まれた以上、釈迦が覚ったように一方通行の道をよたよた歩いていく存在にすぎないという法則です。

わかりやすく考えるにはちょっと乱暴ですが、とりあえず11の生を〝生きている〟と解釈します。これなら実感はなくても事実です。

しかし子どもの頃に「なぜ私は生まれたのだろう」とい

十二縁起

1　無明（むみょう）　人はどんな存在かを考えない状態。
2　行（ぎょう）　生きるだけの行動。
3　識（しき）　対象を識別する。
4　名色（みょうしき）　行と識の力で、世界が物質と精神の二つの世界からできているのがわかる。
5　六処（りくしょ）　感覚からの情報で心が作られる。
6　触（そく）　知ったものに触れたい。
7　受（じゅ）　相手から受ける感触。
8　愛（あい）　専有したい欲望の心。
9　取（しゅ）　執着して放さない。
10　有（う）　その心が原因で生まれ変わり死に変わる輪廻の世界へ。
11　生（しょう）　人として生まれる。
12　老死（ろうし）　人は老いて死ぬ。

う疑問を誰もが持ちます。そのはっきりした答えを見つけられないままに今日まできてしまった。

でもその答えは明快です。10の有・輪廻のときに虫や動物に生まれるかもしれなかった。それが幸運にも人間として生まれる力があなたにあったからです。

では生きているという実感はどんなときに感じるのでしょう。それはおなかがすいたら食べたいという欲が起きるかどうかです。たとえば病人が快方に向かえばかならず食欲がわきます。その程度の生きるためだけの最小限の欲です。これが9の取です。

ところが健康だとこれではすまない。一人でぽつんとしているのは寂しくてたまらないので、動き回って自分の趣味や相手を探します。これが8の愛。

仏教では愛を渇愛《かつあい》（タンハー）といい、猛烈に喉が渇いたときに井戸から冷たい水を汲み上げてがぶ飲みする心を指すのです。

ギリシャでは「愛」をシュトルゲー、エロス、フィリア、アガペーの四種に分けて考えていました。シュトルゲーは家族愛、エロスは価値追求の愛。エロスは日常語でも性の欲望を含んだ愛です。フィリアはたがいを尊敬しあう愛で、アガペーが自己放棄的な愛。ですからキリスト教が「汝の敵も愛せ」というのはアガペーの考え方からです。

なぜ仏教は愛を否定的に考えるのか。それは目で見、耳で聞き、雰囲気などの感覚で知ったことから心が作られているからです。それが7の受。ふつう人間は嫌いなものからは目をそむけるので、よく見ていません。だからよく見たものは好きなものなのです。するともっと自分との距離を縮め、できればさわってみたくなる。6の触《そく》です。

そのとき人間は感覚（5・六処《りくしょ》）と肉体（4・名色《みょうしき》）の両方で相手に近づきたいわけです。嫌いな上司といるより、好きなアーティストのライブを見たいのです。

好き・嫌いというのは本人しかわからない本能的な行動だと思うでしょうが、それなりの理由はあります。それは失恋したとき、自分に言い聞かせた理由を思い出せばわかるはずです。自分を納得させた理由が3の識です。

2の行動を起こすにしても真っ暗な闇に飛び込んでいく勇気は誰にもありません。でも危ないと思ったらよけるのが本能です。つまり急に具合が悪くなったら救急車をよぶのが2の行です。

ですから1・無明の段階では救急車もよべないので生きられないのです。

ふつうの生活からおおざっぱに整理してもやはり無明に戻るか、老死に向けて毎日、あくせくするかしかない。人間はこうした生きものです。

無明
行
識
名色
六処
触
老死

心が晴れないのは
自分を
信じすぎているからだ

人間の心はなにかを求めていつも波立っています。目標はお金か名誉か、ものか気持ちかよくわかりませんが、とにかくこだわりがある。噂話やニュースにも刺激されて、あなたの心は一瞬でも休めません。

でも、いちばんあなたの心を支配しているのは自分が望めば手に入る範囲のものです。意識の範囲というのは狭いのです。むこうから不審《ふしん》な人が歩いてきたら、足を止めて身がまえるくらいは動物でもします。人間はもっとアクティブですから、持っていればうれしい、ほこらしいものがほしいのです。

人間は相手を認識し好感できるものなら、それを自分のものとしてずっと持っていたいのです。このように「取」、執着はわずか三つの縁起のステップでだれにでも起きてしまう。つまり意識し（識）、ほしいと思うと（受）、たまらなく貴重なものに見えてきて、自分だけのものにしたくなる（愛）のです。これは対象が品ものだとわかりやすい。しかし人間の感情も同じなのです。

ですから感情だけに頼っていると、炎のような愛やどす黒い憎しみが自分を支配しているのがわからない、本当の自分になれないのです。

その感情は六根という六つの感覚器官から作られています。目や耳という五感はわかりやすいのですが、だいじなのは、意識は「意」という器官から生み出されていることです。それがいまの心の姿です。

しかし心は目や耳から入ってきた刺激だけに頼っていると曇ってきます。そこで釈迦が信者にルールを教えました。それが四つの戒律、四重戒です。

一　不殺生《ふせっしょう》（生き物を殺してはならない）

二　不偸盗《ふちゅうとう》（盗んではならない）

三　不邪淫《ふじゃいん》（よこしまな関係を持ってはならない）

四　不妄語《ふもうご》（嘘をついてはならない）

これは信者全員が守らなければならない生活の指針でした。

不殺生といわれても肉や魚を食べている私たちには最初から守れないことになってしま

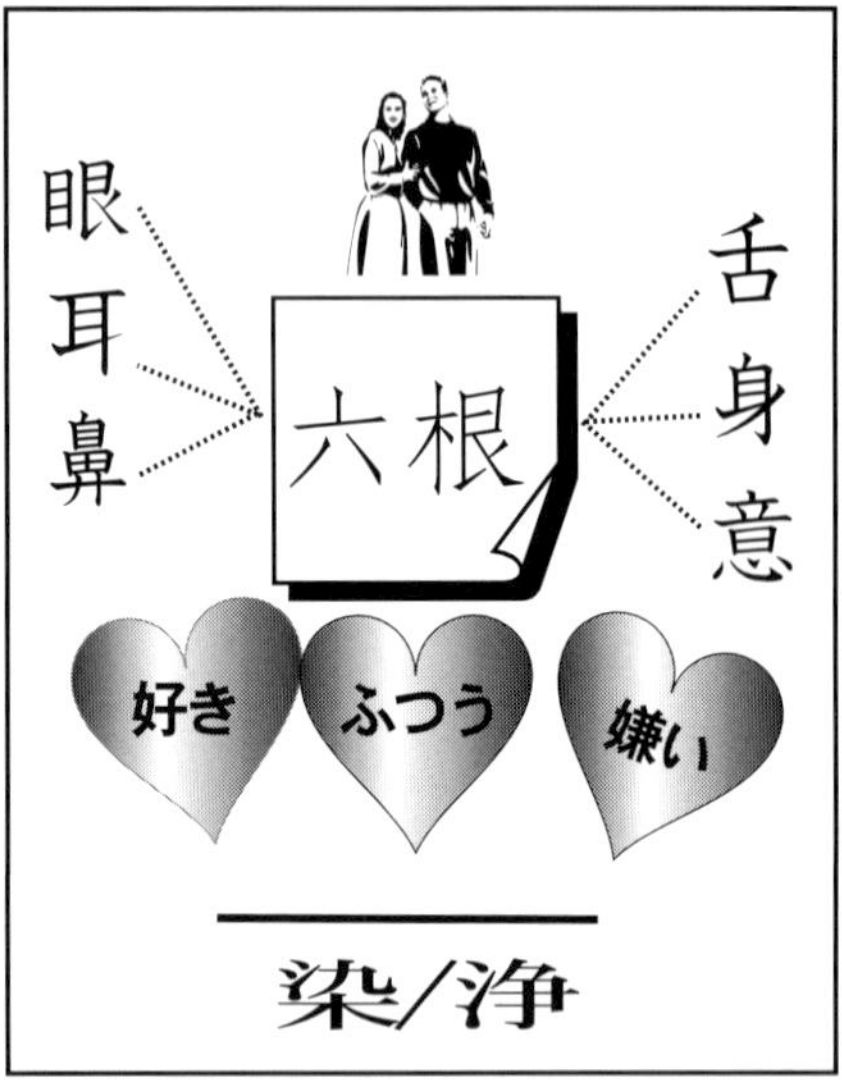

煩悩

六つの感覚器官で得た情報は心の中で「好き・ふつう・嫌い」の欲のフィルターを通ります。さらに欲望には「染」と「浄」があるので、ここまでで煩悩という欲は三十六になります。
さらに過去・現在・未来の三つの時間軸をかけると煩悩は合計百八です。

います。しかし仏教には『見聞疑《けんもんぎ》』という規定があり「自分のために生命をうばったもの、その疑いのあるものは食べてはいけない」とされているだけです。しかし、それでもいまの生活ではむずかしい。

しかし「不殺生」の原語は「アヒムサー」という言葉で、これは「無害」と理解したほうが正しいのです。

他人や周囲に対して無害であることは大変にむずかしい。知らないうちに自分の欲から他人を傷つけていることが多いのです。

そこでさらに僧には六つの戒律が

プラスされます。不綺語《ふきご》（不毛な論争）、不悪口《ふあっく》、不両舌《ふりょうぜつ》（二枚舌を使ってはいけない）、不慳貪《ふけんどん》（貪欲になってはいけない）、不瞋恚《ふしんに》（怒りやねたみを持ってはいけない）、不邪見《ふじゃけん》（間違った世界観を持ってはいけない）。全部で十項目あるので十善戒といいます。

十善戒は初期の仏教からの戒律で、日本の仏教も十善戒が基本です。僧はこの戒めを守らなければいけないのです。しかし生産力のあまりない時代の戒律なのに、いまの人間のほうがもっと守れない。いやそれより前にこのルールさえ知らないほうが問題なのです。自分の感覚だけから感情を育て、逆にそれに支配されてしまう。つまり自分を過信するから毎日が不安なのです。

でも安心していいのは、この十善戒で大きなウエートがあるのは最初の「不殺生」と最後の「不邪見」にあることです。

なぜなら必要以上の殺生をしなければ人間は自然と調和できます。そして「感覚を通して知った世界は本当のものではない。この釈迦の覚り以外は間違い（邪見）である」という考え方を心に置いておくことです。

「見える世界」は じつは 存在していない

実在した人物でも釈迦は仏のなかでは高位の如来とよばれますが、ほかに如来の下の菩薩とよばれる仏には実在の人がいます。

代表的なのは馬鳴《めみょう》、龍樹《りゅうじゅ》といったインド人で、ともに支配階級のバラモンから仏教に帰《き》依《え》した人です。馬鳴は一世紀ごろ、龍樹はさらに百年ほどあとに活躍し、その理論は大乗仏教の根本になりました。

密教についてはあとで述べますが、龍樹は空海へと続く密教の系譜では金剛薩埵から正統を継いだ三人目とされています。

龍樹にも海底の竜宮城《りゅうぐうじょう》から多数の経典を持ち帰ったという言い伝えもあるのですが、じつは彼こそ「空」の理論を体系づけた人なのです。インドではナーガールジュナ、漢字では龍猛《りゅうみょう》・龍勝とも書きます。

龍樹の理論は私たちの想像をはるかに超えています。それは先ほど述べた十二縁起から始まるのです。「すべては（自分の力ではなく）縁起によって生まれた。縁起とは原因と現象がそろえばなにかが生まれること。縁起から考えれば人間がわかるものに（いま見ているものでさえ）本当の存在などない。だから空なのだ」からスタートするのです。

いきなりの結論にジャンプします。つまり私たちがいる世界は縁起によって生まれたものです。そこには独自な存在などはない。それは見えるだけで架空の存在（無自性《むじしょう》）である。だから縁起の法によって生まれた人間は「空」の中にいるのです。

龍樹の理論は簡単に納得できないでしょうから、この大前提だけを述べておきますが、この理論で声聞、縁覚によって仏になれると考えた上座部仏教とは違う私たちの知る大乗仏教が確立し、「空」という考え方も確立したとだけ覚えておいてください。

この龍樹の大前提を釈迦の四諦と同様に勝義諦《しょうぎたい》といい、それが信じられず人間がすべての主人だという考えを世俗諦《せぞくたい》といいます。

龍樹の説を中観《ちゅうがん》ともよびます。彼の『中論』という著作をベースにしたので中道ともいいますが、中は空とほとんど同じ意味です。しかし仏教ですから理論だけでは終わらず「空とは執着を離れた無我の境地」という修行へ続くのです。この無我の境地になればす

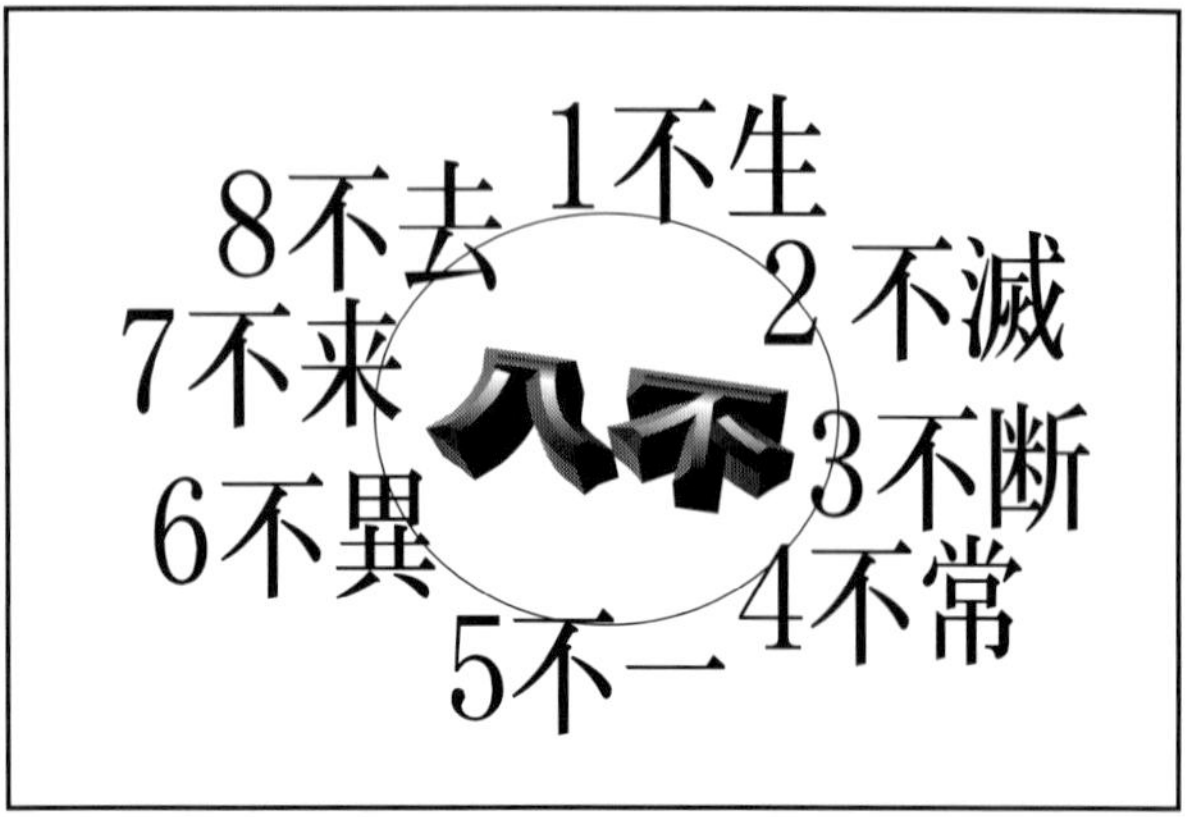

八不

龍樹があげる真理を見通す八つの大前提が、1不生（ふしょう）、2不滅（ふめつ）、3不断（ふだん）、4不常（ふじょう）、5不一（ふいつ）、6不異（ふい）、7不来（ふらい）、8不去（ふこ）の八不です。これはすべてが縁起によって生まれていることを表わしています。

八不は仏の性格を思い出せばいいのです。仏は生まれたものではないから滅びはしません。来たものではないから去っていくものでもない。こうしたことに私たちが気づかないだけなのです。


べての正しい世界が見えてきます。

実践どころか理論さえもわかるにはさらに少し時間がかかります。

まず空をスタート台にするのも大変です。龍樹の説く中道というのも世俗にまみれている私たちにはわかりにくい。

そこでダライラマの他人を思いやる瞑想法《めいそうほう》がイメージとしてわかりやすいので引用します。それは対立した心の状態を想像し、その中間にいる自分をイメージする修行法です。

まず仏の心を知ろうと思ったら、「一方に自分の過去である利己的な私、反対側に助けを求める第三者を置き、その中間に自分を置く」のです。正反対のところにいるのがあなたの愛する人なら「自分を捨てても……」とも思うでしょうが、第三者となるととても勇気が必要です。

「すべては縁起によって生まれている」まではわかるでしょう。しかし、いま見える世界が「空」と見限るには大変な覚悟が必要なのです。

しかし縁起と空は一体で、勝義と世俗は正反対なもの、これは絶対的な法則です。たとえば人間は千年も生きるはずもないし、他人や周囲と無関係に生きられません。仏教を知らなくてもここまではわかります。ですからもっと「空」を知るには勝義諦がスタートで、その先は修行によって覚るしかないのです。

これは、話がいきなりむずかしくなったわけでもありません。

龍樹は『大智度論《だいちどろん》』という全百巻の著作を残しているのですが、この著ではいままでに出てきた大乗仏教の考えをお経や言い伝えから再構成し、理論化し、方向づけたものです。

また、お経のなかでも最高の経とされる『法華経』の解釈にまでおよんでいます。

それなのになぜ龍樹が密教に登場するのでしょうか。それは密教の確立が龍樹の五百年もあとだったからです。つまり密教は儀式こそ僧が行ないますが、多くの人を救おうという大乗仏教なのです。

ですから日本に密教を伝えた空海は「教えのすべては人々の父母の残した財産であり独占してはならない。けちけちして伝えないのは三宝を盗んだのと同じことだ」と書いています。

では釈迦から始まった教えはどのような形で伝えられたか、それは次章で見ていきましょう。

二章

船に乗る旅支度

人間が菩薩になんてなれるのだろうか

『般若心経』は敦煌《とんこう》の石窟《せっくつ》からも発見されていますが、じつはもっとも古い木の葉に書かれた貝葉経《ばいようきょう》というサンスクリット語の『般若心経』が法《ほう》隆寺《りゅうじ》にあります。

これは聖徳太子が中国に送った遣隋使《けんずいし》の小野妹子《おののいもこ》が持ち帰ったものといわれ、明治時代に英訳されて世界を驚かせました。千三百年も前から『般若心経』は日本に伝えられていたのです。

いままでを整理しておきます。

仏教は紀元前四世紀初めに成立しました。そして百年ほどあとのアショカ王の熱心な布教で周辺の国にまで広まり、同時に教団もいろいろな教派に分かれていきます。

そのなかで覚りの道は僧だけでなく、ふつうの信者にも開かれていると主張したのが大乗仏教です。これは紀元前後に成立しました。この教えはすぐに当時の中国・漢に伝わり

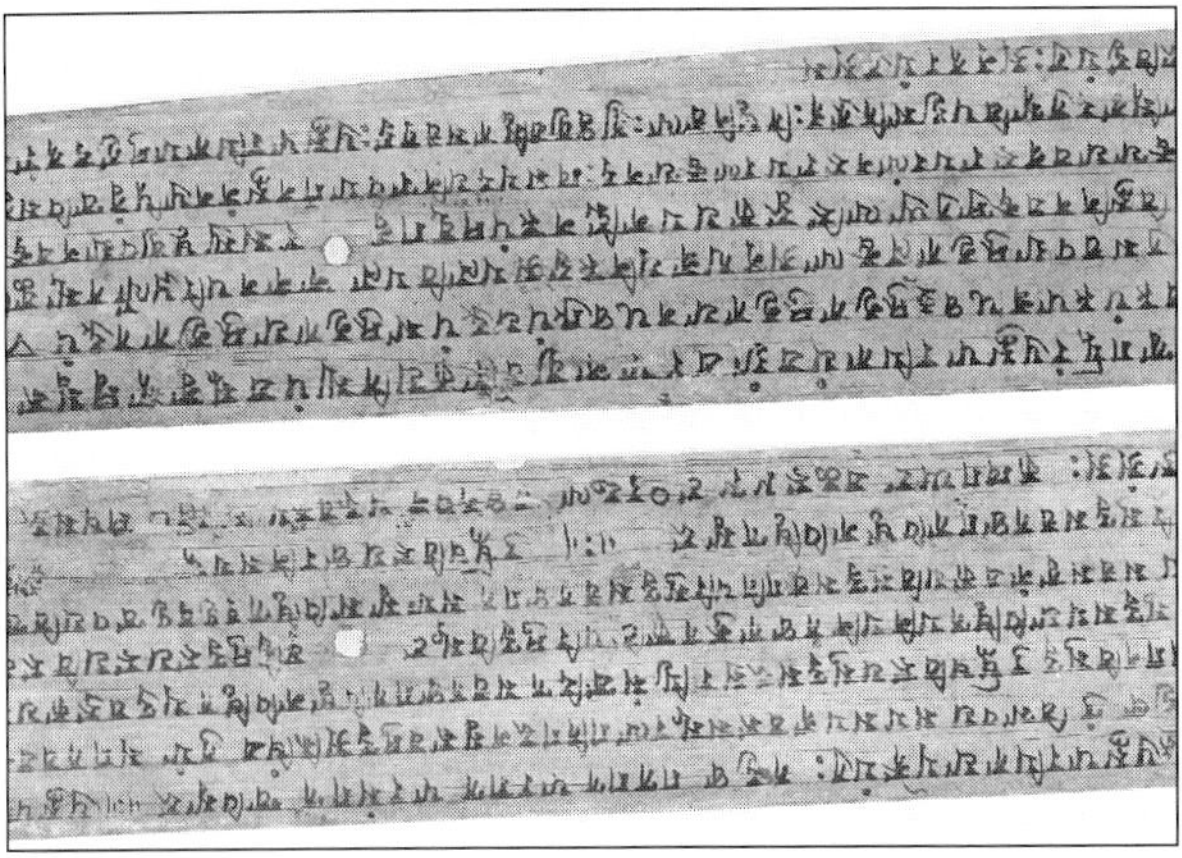

梵本（サンスクリット語）心経と尊勝陀羅尼（東京国立博物館・蔵）

ます。仏教が中国に伝わったのは西暦六八年です。

日本へ仏教が渡来（五三八年）してから聖徳太子が摂政《せっしょう》になるのは五十年ほどあとです。のちに浄土真宗を開いた親鸞《しんらん》は聖徳太子を「和国《わこく》（日本）の教主」とよぶほど太子は日本に仏教を根づかせたのです。

中国が六一八年に唐となり、玄奘がインドに経典を求めて旅立ったのは六二九年、陸路をたどってインドに到着するのに四年かかったといわれます。

玄奘はインドの仏教大学で学んだのち、釈迦の足跡を訪ねました。

十数年後、玄奘は二十頭の馬に仏舎利《ぶっしゃり》と

お経というと漢字だけの巻物と思いこんでいますが、仏教美術はこのような美しい経典を残しています。平清盛の発願で作製された「法華経」で『平家納経』とよばれます。（東京国立博物館・蔵）

いう釈迦の遺骨と多数の経典を載せて帰国し、それから十数年ものあいだ翻訳に取り組みます。こうして『大般若経』や『般若心経』が漢訳されていったのです。

じつは玄奘の遺骨は奈良・薬師寺にも分骨されています。弟子の慈恩大師によって法相宗《ほっそうしゅう》が開かれ、日本・法相宗の大本山にあたるのが薬師寺という関係からです。

このように仏教は日本に溶け込んでいきます。

たとえば日本の「お盆」の原型・盂蘭盆《うらぼん》会《え》は聖徳太子のころから始まり、平安時代には公式行事として七月十五日に宮中や寺で行なわれました。現在のように十三日か

唐の首都が長安、現在の西安です。西安の大雁塔は慈恩寺という寺院のもので、この寺で玄奘はお経の漢訳や講義を行なっています。

ら十五日になったのは江戸時代からです。

お盆の起源は釈迦の十大弟子の一人・目《もく》連《れん》の母が死後、餓鬼《がき》の世界に墜ちたことを知り、供養《くよう》をしたのが始まりといいます。

餓鬼の世界では食べようとするものはすべて火につつまれてしまい、できれば生まれ変わりたくない世界なので、地獄などとあわせて「悪趣《あくしゅ》」といいます。

お盆も仏教がきっかけで日本にそれ以前からあった霊を慰め、霊によって守られるという信仰と重なって定着していったのでしょう。

このように仏教は僧だけでなく、ふつうの信者も教えを実践しながら「他」にも仏の功徳を回すのです。

それが菩薩行です。

菩薩というとおだやかな観音菩薩を思い出しますが、じつは菩薩とは「自未得度《じみとくど》、先度他《せんどた》」を誓った仏や修行者をさすのです。菩薩の上位の如来とよばれる仏たちは釈迦や大日如来のように霊山浄土《りょうぜんじょうど》、密厳浄土《みつごんじょうど》という世界をすでに作ってそこで説法をしています。

そうした覚りの世界（彼岸）へ、望めばすぐ渡れるのに自分はそうしないで（自未得度）、他人を救って先に渡して（先度他）あげようというのが菩薩行です。

たとえば法蔵《ほうぞう》菩薩がそうです。現世で法蔵は国王だったのですが、ある如来の教えを聞いて出家し、自分の浄土を作ろうと修行にはげみます。

そして「わたしの浄土に生まれたいと願っている人が念仏を唱えるなら、かならずその願いをかなえる」を中心に四十八もの誓いを立て、これを成就します。これが「南無阿弥陀仏」と唱えられる阿弥陀如来で、その浄土を極楽浄土といいます。この浄土は仏の名を唱えればほとんどの人が、死後、極楽に往って永遠に生きられるので（往生）、信仰を集めているのです。

マニュアル人間がえらいという間違い

腹話術は声よりあとにできるだけ小さく口を動かすのがこつだといいます。腹話術は芸ですから、人形が話しているように見えるほどいい。しかし、いまの日本人は心の腹話術をうまくやれる人がすごいと勘違いをしているようです。

心よりも先に口が反応するほうが、一見、てきぱきと仕事をこなせるように思えます。しかしその元にはマニュアルがあり、それをなぞっていることが多いのです。

マニュアルどおりにしか動けないのでは、昆虫や小動物が周囲に合わせて自分の色や形を変える擬態《ぎたい》と同じです。それなら電話の音声ガイドのほうが、早く間違いなく目的をはたせるはずです。それなのに人間はなぜ社会を作ったのでしょうか。

それは人間は他人にかかわりたい、自分をわかってもらいたいという欲を持った生き物だからです。しかし、感覚から得た情報は自分の欲のフィルター越しに受け取ったものです。

そのうえ人間には三種の本能があります。貪《とん》、瞋《じん》、痴《ち》で、これを三毒といいます。貪は貪欲《どんよく》と使われるようにむさぼり求めること。対象はものだけでなく名誉や愛情も含まれる強い感情です。瞋は怒りやそねみ、憎しみといった他人への感情で、痴はものごとの正しい道理がわからないことで十二縁起の無明にあたります。この三毒は目の前のものにこだわる心・煩悩を引き起こします。

煩悩の数は百八とも八万四千、最大では一億ともいわれます。除夜の鐘はいちばん少ない百八をとって煩悩を消すために打ち鳴らされます。どちらにせよ煩悩の原因は自分にこだわり、カッコよく生きたいからです。

『勝鬘経』の勝鬘とは人名で、インドではシュリーマーラーという王妃でした。彼女は仏教に深く帰依して釈迦に次のように誓います。

「世尊《せそん》よ、私は今から覚りにいたるまで、受けた戒を犯しません。

目上の人をあなどりません。

あらゆる人に怒りを起こしません。

人の姿や形、持ちものに嫉妬しません。

心のうえにも、もののうえにも、惜しむ心を起こしません。自分のために財物を蓄えず、受けたものはみな貧しい人に与えて幸せにしてあげます」といいました。聖徳太子がときの女帝である推古天皇《すいこてんのう》に「生活の規範となさいますように」とこのお経を勧めたのは、仏教が貴族のものだった時代でもすばらしいことでした。

勝鬘の誓いは菩薩行のスタートです。地位や財産を持っていればいるほど菩薩になろうとは思わないでしょう。若さや美貌を誇っていても結果は同じです。

そうした人には「外面似菩薩《げめんじぼさつ》内心如夜叉《ないしんにょやしゃ》」という言葉があります。「見かけは菩薩のように美しい

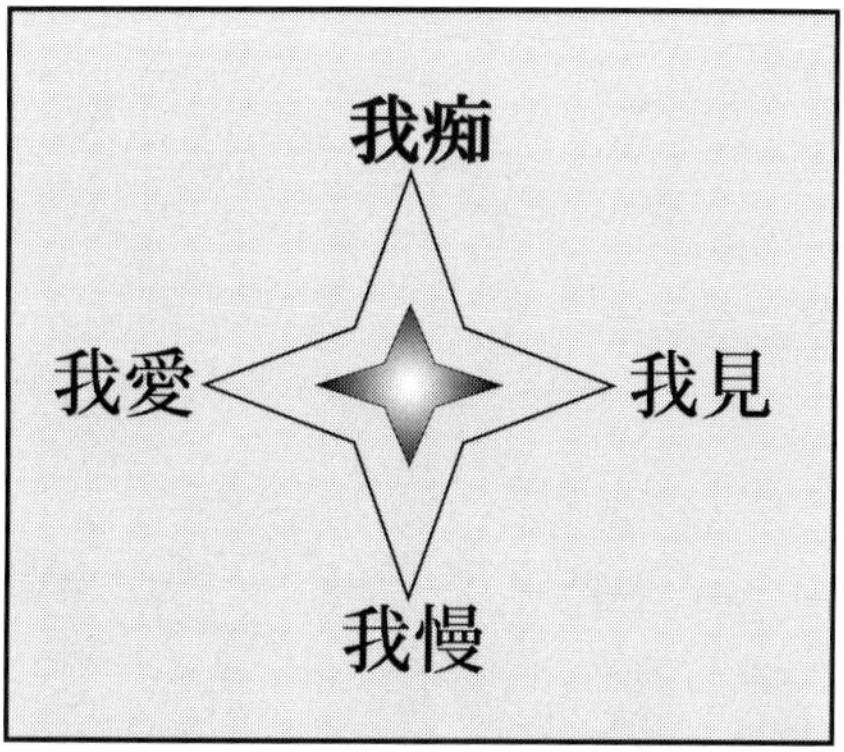

煩悩の原因に四つの根本煩悩があるとする考えもあります。「我痴」は十二縁起の「無明」と同じでなにもわからない状態。「我見」は自分にこだわる我執。「我慢」は自分におごって他人を見くだすこと。「我愛」は自分に対する執着です。

六波羅密 六波羅蜜は１布施、２持戒、３忍辱、４精進、５禅定、６智慧の六項目です。とりつきにくいようですが日常の心がけです。

が、心の中は鬼のように荒れ狂っている」という意味です。

ここでの菩薩は観音菩薩をイメージしているのでしょうが、ご存じのとおり仏に性別はありません。

この言葉は女性に向けられているので「いくらエステに通っても心を磨かなければ、やがてくる老・病・死には立ち向かえない」という意味ですが、男性でも同じことです。

また、さらに清らかな菩薩の境地を目指すには前に述べた四重戒をベースに六波羅蜜を心得ることです。

四重戒を守ることも危ないのにさらに六つも修行が増えてしまう。でもわずか十あまりの心得で肩の力が抜け、毎日が楽になるのです。さらに安心していいのは、ふつうの人は四重戒に「不飲酒《ふおんじゅ》」を足した五戒を完全に守る日が一か月に六日あればいいという考え方です。

これを六斎日《ろくさいび》といい、毎月八日、十四日、十五日、二十三日、二十九日、三十日ですが、要は仏教の基本を忘れるなということでしょう。

六波羅蜜も同様で、たとえば布施も他人にあげるものがなくてもできるのです。これがあとで述べる「無財《むざい》の七施《しちせ》」です。

ですからけちにならず（布施）、戒律を守り（持戒）、怒りっぽい心をしずめ（忍辱《にんにく》）、なまけず（精進）、精神を集中させ（禅定）、愚かな考えを捨てて真実を見よう（智慧）ととりあえずは覚えておいてください。

波羅蜜とは原語のパーラミターに漢字をあてたもので「彼岸に渡すこと」です。菩薩の行から言えば「他人を先に覚りの境地に渡らせる」わけです。つまり人の心を安らかにするにはまず自分の心が安定していなければならない。だから自分も六波羅蜜の修行をしな

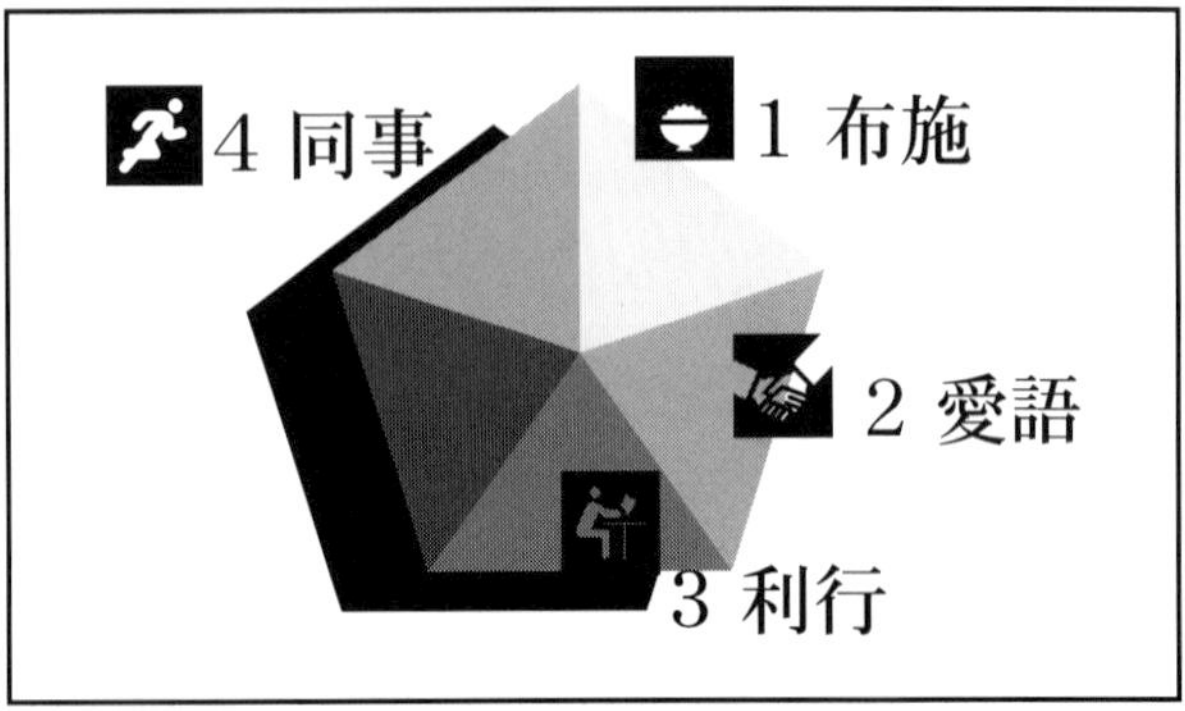

四摂事 1布施・物質的なものを与える。2愛語・輪廻の世界から抜け出す方法をわかりやすく教える。3利行（りぎょう）・効果的な修行法を教える。4同事・教えることを自分も実践する。

がら、他人に向かっては四つの心得で向かいあうのです。

その四つの心得を四摂事《ししょうじ》（四摂法《ししょうぼう》）といい、曹洞宗《そうとうしゅう》の開祖・道元も重視しました。曹洞宗は禅門ですが、禅でも重視されるのは四摂事が仏教の基本だからです。

ダライラマは、「真言乗と般若乗はともに『利他』と『空』をベースにし、その行によって覚りに入ろうとする」と述べています。ここでの真言乗とは密教という意味です。やっと『般若』という言葉がでてきましたが、その入口は身近なところにあったわけです。

「般若」は あなたの中に 眠っている

密教の最初の修行を加行《けぎょう》といいます。

この加行の基礎が利他の心を持つことです。ダライラマは利他を修行するには二つの方法があるといいます。最初に「善因善果、悪因悪果」という因果の法をしっかりと認め、次に自分と他人を平等だと見なすことです。しかし、こう考えることはぼんやりと毎日を過ごしてきた私たちには修行になってしまうのです。

まず因果を一言でいえば、「今日のあなたは昨日のあなたの上に立っている」ことです。これは他人でも同じで、人間は誰もが親という縁があって生まれてきました。ですからすべての生命は平等です。そこをスタートにすればダライラマの説く因果もわかりやすい。

それは、

一　すべてのものを友と見なし（知母《ちぼ》）

二　かれらのやさしさを思い（念恩《ねんおん》）

三　そのやさしさにはやさしさをもってこたえ（報恩）
四　愛情を起こし（慈心）
五　哀れみの情を起こし（悲心）
六　普遍的な責任を受ける決心を示し（増上意業《ぞうじょういぎょう》）
七　さとりを得るための利他の心を起こす（発菩提心《はつぼだいしん》）
と心が進化するといいます。

この七項目のうち気をつけなければいけないのは四の「愛情」が〝慈〟・いつくしみと考えられていることです。前に述べたとおり、わたしたちがいう「好き」や「愛している」のとは違うのです。愛すれば執着を持つのがふつうですが、それよりも一段階、上の心の働きです。英語でもラブやライクとはべつにマーシフルという言葉があり、Be《ビー》 merciful《マーシフル》 others《アザーズ》.「他者に慈悲深くあれ」と使われます。

五の〝悲〟もかなしいのではなく心が割れた状態（非）を元の心に戻してあげることです。樹木は零下二十五度以下になると、内部の水分が凍り大きな音をたてて裂ける。これを凍裂《とうれつ》といいますが、ほとんどの人の心はそうなっています。これを治すのが悲心。

四縁

結果が現われるには四種の縁があります。因縁は直接的な因果関係。等無間縁は心の中の働き、所縁縁は好悪の感情です。しかし個人的な三縁とは違う縁・増上縁が大きな力を持っています。

六の〝増上〟は仏教では「増上縁」という四つの大きな縁（四縁）の一つです。四縁では何かが結果として現われるには四つの縁（因果関係）があると考えます。

まず「因縁」は〝直接の原因があって生まれる縁〟です。「等無間縁《とうむげんえん》」になると心の動きになり、前の心が次の心を作るためにあける〝心のスペース〟を指します。「所縁《しょえん》縁《ねん》」は相手に〝好き嫌いの感情を持つ縁〟です。

「増上縁」はこの三つの縁以外の〝間接的な原因〟で、結果に大きな影響を与える要素ですが心の方向を妨害しないので、無力増上縁ともいわれます。

つまり「増上意業」とは他人のために力をつくす決意をすることなのです。

まず六波羅蜜で与える心（布施）から始まった菩薩行は心が他人に向くことで、いっそうたしかなものになります。それがダライラマのいう〝発菩提心〟です。

菩提というと冥福《めいふく》を祈ることと思われるでしょうが、じつは迷いを絶って得られる正しい智慧という意味があります。この智慧を知ろうとするのが発菩提心で、心を安定させ、集中することから始まります。この心が重要だと説いたのが龍樹でした。

十二縁起を振り返ってみると（50ページ参照）人の精神活動は3の「識」から始まっています。しかしその人が仏教を知り、もっと多くの人の悩みを共有して解決しようという菩提心を起こす毎日を送る（発菩提心）と、この「識」を離れた新しい智慧の目で世界を見直せるようになります。

これがじつは「般若」の境地です。慈悲、利他の心を出発点として得られる最高の境地が般若なのです。そのための修行は欠かせませんが、私たちも同じ地点から旅立てれば心はずっと落ち着いてくるはずです。

この境地に入れれば、世界は見えない仏の光で満たされているのが直観できます。感じ

『勝鬘経』にも美しい経が残されています。勝鬘は国王である父のすすめに従って、釈迦に深く帰依し、法を説くまでの力を得ました。それが『勝鬘経』です。（東京国立博物館・蔵）

るのではなく、一瞬ですべてを把握できるので「観」といい、程度の差はあっても私たちの人生観や金銭観といったニュアンスに近いものです。

相手を分析してつかむのが「識」ですが、正しい修行の結果、得られるのが観。その直観で得られるのが般若という智慧なのです。この智慧をパンニャーといい、漢字をあてると般若になります。

私たちは宇宙から見た地球を知っていますが、そこへ自分で行ってあたりを見回したわけではありません。感動を味わえるのは宇宙飛行士だけです。

しかし誰もが自分の体の奥から感動を味わえ

る般若の力が人間の心の中にもあるのです。

もちろんこの境地になれれば、その人は仏なので、この智慧を得た般若菩薩は仏を生み出す母となるので「仏母《ぶつも》」といわれます。

日本では理性を磨くような般若像にはなかなかめぐりあえません。しかし昔は般若菩薩の仏像も作られ、画像も描かれていて、いまでも像を崇拝している国もあるのです。この般若菩薩像は智慧を説く経典を持っています。

さらに般若菩薩こそじつは龍樹だという説もあります。大乗仏教の基本を作った人がそのまま仏像となっているわけで、こうした国では物欲や出世欲は日本よりずっと少ないはずです。

日本の般若が怖いものとイメージづけられたのは『源氏物語』の主人公・光源氏《ひかるげんじ》の妻に源氏の前の交際相手だった女性の怨念《おんねん》が生き霊（もののけ）としてとりつくのですが、お経の声で逃げ去るという能《のう》の「葵の上《あおいのうえ》」のシーンからです。

このもののけの役者がつけていた能面が般若面となり、般若イコール怖いものという誤解になったのです。

奈良時代に仏の智慧にあやかりたいと「般若」と名のる僧がおり、彼は手先が器用だったのでこの面を作ったという異説もあります。（東京国立博物館・蔵）

でもこの場面で唱えられるお経は『般若心経』ではありません。「あやあやおそろしの、般若声や……」といって退散するだけです。

般若は仏の智慧、つまり般若声・智慧の声は怨霊も退散させるのです。

ですから『般若心経』は法事だけでなく、願い事を念ずる、気持ちを安定させる、幸せをよぶなど『心経』を唱え、写していいのです。

『般若心経』の心を実行するのが〝行〟です。船や飛行機でもチケットがなければ乗れません。その切符にあたるのが般若心経なのです。

三章　すべてを正しくリセットできる

自分で自分を いちばん いい友だちにする

前に心が次の心のためにあける隙間・等無間縁をあげました。これは自分が心の中を振り返る余裕ともいえます。いまではこうした〝心のゆとり〟をなくしているようです。

社会が複雑なうえスピーディーになったから、ゆとりがなくなったと思うのは間違いで、自分の心を探すキーワードや方法を教えてもらっていないから、わからないのです。

たとえばバリアフリー社会という言葉は耳に心地よいのですが、実際とはかけ離れています。

歩道のわずかな段差は目の不自由な人には杖の先で標識がわりになります。しかし脚の不自由な人にはじゃまものです。歩道には段差とスロープの両方が必要ですが、こうした配慮はほとんどされていません。これは人間の生き方でも同じです。

今の社会は思いやりが少なく効率が優先なのです。いきおい人間は肩に力が入って周囲に負けまいというバリアだらけの姿勢になります。前を見て他人にぶつからない注意さえもはらわない。歩道を自転車で突っ走るように自分を過信しているのです。だから「もののけ」が心に生まれてしまう。「もののけ」は現在では憎しみやねたみをもとに生まれる怨霊であり、背後霊やおばけです。幽霊は怖い顔になる前の江戸時代にも流行したのですが、この時代では女性の幽霊の掛け軸は旅の無事を祈るものでした。

幽霊でさえ他人を祝福していたのは、生活のベースが「心」にあったからでしょう。そうした生活スタイルが忘れられると、「同事」という考え方もなくなっていきました。

しかし、まず一度は他人の立場で考えることがだいじなのです。「同事」という考えからすれば、あなたも他人もスポットライトを浴びて生まれてきたのがわかるはずです。

それがなぜ自分の子どもを虐待《ぎゃくたい》するような時代になったのでしょうか。

それにはさらに一世代前に帰らなければなりません。戦後、経済が成長し続けた時代には自分の家より裕福な家庭は必ずあったのです。それを見ながら「いつかは追いつける」と思いながら誰もが暮らしていました。

しかし、現実には利益を優先する人や他人を踏み台にする人ばかりがうまくいく。会社

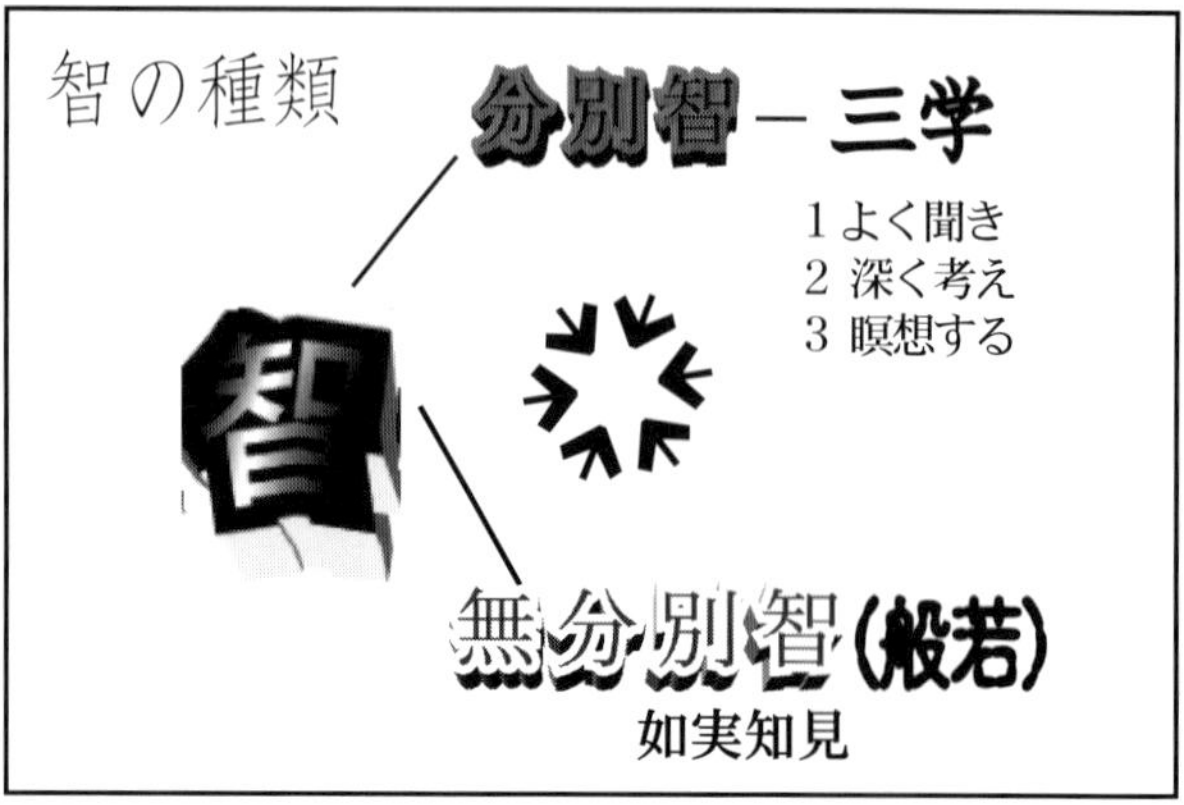

分別を「常識のある賢明な判断力」といまは誤解されすぎています。仏の智慧の一つが分別智で、学ぶものです。

に入っても尊敬できる人ばかりはいない。

釈迦でさえ『大《だい》吉祥《きちじょう》経《きょう》』に

「愚《おろ》かなる者に親しみ近づかぬがよい、
賢《かしこ》き者に近づき親しむがよい、
仕《つか》うるに値する者に仕うるがよい、
これが人間の最上の幸福である」

（増谷文雄・訳）

と述べているくらいですから自分の望みはなかなか満たされません。そこで「もしチャンスや幸運に恵まれれば……」という発想が芽生え、宝くじに当たるような感覚が根づいてしまった。

ところが幸運がいつまでもやってこないと、今度は他人との差別に熱心になります。

それは自分の心を自分から尋ねる習慣が消えることでした。「人間は生まれた瞬間から病《やまい》におびえ、毎日老いていく一方通行の存在である」ことを忘れた。その自分の姿を知ろうとせず、反対に周囲への不満が育ってしまったのです。

そうした人が親の世代になると、次に子どもに無制限な自由だけを与えたのです。

本当は自分も心の底では親にならずにずっとチャンスを待つ子どもでいたかったのです。しかし時間が許してくれなかった。〝いちばん〟の子どもでいたい感覚が心の底に眠っているから、持ち場をとられそうな気持ちが子どもへの虐待につながるのです。

それを防ぐには、前に述べた「三宝」のうち「法（真理）」にさらに心を向けるのです。『心経』にはいくつもの真理が述べられていますが、その真理に向き合うには自分の心がバリアフリーでなければ、素直に受け止められません。

そのためには自分が自分に対してよい友人であることです。すると自分の心が強くなければならないことに気づきます。じつはそこが宗教の入口で、戒めに気づくことだと前にも述べました。

仏教では智にも「分別智」と「無分別智」の二つがあるとします。どちらが尊いかと

いうと、これも常識と違って無分別智が上位で、じつは無分別智こそが「般若」とよばれる智慧なのです。

「分別智」でさえ仏の智慧の一つにあたります。分別智を得るには教えをよく聞き、考え、瞑想します。釈迦の「人間が知りうる世界は実体がない」という三法印《さんぼういん》を一心に修行して得られる智慧なのです。

この分別智も捨ててやっと得られるのが「無分別智・般若」です。一言でいうと「如実《にょじつ》知見《ちけん》」（あるがままに見る）ですが、このとき見ているのは仏、あるいは仏に近い修行者の境地で「見ている」のです。ですから『法華経』では「般若」を「仏知見（仏の境地）」と表現しています。

このように般若の境地までは遠い私たちにとっても、わかりやすい仏教の真髄を教える一文があります。それは「諸悪莫作《しょあくまくさ》　衆善奉行《しゅぜんぶぎょう》　自浄其意《じじょうごい》　是諸仏教《ぜしょぶっきょう》」で、これは前に述べた『法句経』にあります。意味は「悪いことはしないで、（他人のためになるような）いいことをたくさんしなさい。そのために心を清く持つ。これが仏の教え」です。

釈迦を含めて過去に大きな影響を与えた仏が七人いました。その名を毘婆尸仏《びばしぶつ》、尸棄仏《しきぶつ》などと名前もむずかしいのですが、仏が百年単位で出現するとは思えないので、計りしれない昔から仏はいたわけです。釈迦も過去に仙人として生きて仏から教えを受けたという伝記が『因果経』として残されています。これらの仏を釈迦を含めて過去七仏といいます。

この過去七仏を通してずっと伝えられ続けてきたので「諸悪莫作……」を『七仏通戒偈《しちぶつつうかいげ》』といい、仏教の根本なのです。

禅の名僧・正受老人《しょうじゅろうじん》は「一大事とは今日、ただいまのことだ」と言っています。つまり「毎日を（『七仏通戒偈』に代表されるような）仏の智慧に沿ってしっかりと生きなさい」というアドバイスなのです。

若さを誇るな

ここまで来ただけでも『心経』の本当の意味がわからずに、ただ唱えたり写経するより、ずっと仏の智慧に近づいてきました。

若者の姿も珍しくなくなった空海の足跡をたどる四国・八十八カ所のお遍路《へんろ》さん。そして西国《さいごく》三十三番、板東《ばんどう》三十三番、秩父《ちちぶ》三十四番と有名な全国の百観音霊場でもその地を訪ねた人は『般若心経』を必ず誦みます。

空海は高知県室戸《むろと》岬《みさき》の洞窟にこもり「オンバサラオンダジノウン」と百万回唱える虚空《こくう》蔵《ぞう》求《ぐ》聞《もん》持《じ》法《ほう》を修行して覚りを得たといいます。その瞬間、明けの明星（金星）が空海の口に飛び込んだのは有名なエピソードです。

この言い伝えの洞窟はいまでもあり、コウモリが舞う暗い小さな空間からは海と空しか見えません。空海の体験は大変な修行から生まれているのです。

私たちには難しいのですが近づく方法はあります。

たとえば仏教ではお経を唱える前に「懺悔文《さんげもん》」を読みます。懺悔《ざんげ》というと教会の小さな部屋で神父に罪を告白する映画のシーンを思い出してしまうでしょうが、仏教では、

「我《が》昔《しゃく》所《しょ》造《ぞう》諸《しょ》悪《あく》業《ごう》
皆《かい》由《ゆ》無《む》始《し》貪《とん》瞋《じん》痴《ち》
従《じゅう》身《しん》語《ご》意《い》之《し》所《しょ》生《しょう》
一《いっ》切《さい》我《が》今《こん》皆《かい》懺《さん》悔《げ》」

と唱えるのです。

これはほとんどの宗派で使う、仏教の入口のキーワードです。むずかしそうに見えますが漢字ばかりなのでとりつきにくいだけです。意味はシンプルなもので、

「私が以前より作っておりました（所造）もろもろの（諸）悪業は、
みな気づかないうちの（無始）貪・瞋・痴によ（由）ります。
（これは）身・語（口）・意から生まれました。
いっさいをいまみな懺悔いたします」

つまりいままで述べてきた人間の煩悩の仕組みを七字ずつのフレーズで端的《たんてき》に解き明か

1 自性分別《じしょうふんべつ》

眼 耳 鼻 舌 身から認識する

2 計度分別《けたくふんべつ》

差を推定する

3 随念分別《ずいねんふんべつ》

過去を思いだす

分別

分別を理性と思いがちです。分別は図のように三種の経験がベースです。しかしこれに仏の教えを加え、深い瞑想をへて初めて真の分別智になるのです。

しているのです。

それでも距離を感じるなら、ここから仏教の礼拝は始まると覚えておき、他人には「南無」という気持ちで向き合ってください。相手が気に入らずそんな気になれなくても、それは自分の悪い部分が映し出されていると思うのです。

つまり「南無観世音菩薩」「南無阿弥陀仏」「南無大師遍照金剛《なむだいしへんじょうこんごう》（空海の尊称）」を唱えるとき、習慣のように合掌し頭を下げます。さらに相手を尊いと思えば体をかがめるでしょう。このように「南無」とは相手に対して最大の尊敬なのです。もともと「南無」はパーリ語で

「帰依、帰明《きみょう》します」という意味なのです。

ですからまず人間は「南無」という心で仏に向かい、毎日を前項の「諸悪莫作　衆善奉行　自浄其意　是諸仏教」でおくり、他人を救おうと思えば菩薩の入口には立てるのです。

ところが人間は何となく幸せはずっと続き、不幸は一時のものでやがて去ると勘違いして生きています。それは知らない間に身についた思いあがりです。

たとえば〝若さ〟です。

その子二十《はたち》櫛《くし》に流るる黒髪《くろかみ》のおごりの春のうつくしきかな

思ふ人ある身はかなし雲わきてつくる色なき大ぞらのもと

この短歌は与謝野晶子《よさのあきこ》のもので、最初は歌集『みだれ髪』のいちばん初めに、次は『常夏《とこなつ》』に載《の》せられています。この二つの歌の時間には女性としての変化があります。二十歳という輝くばかりの若さ。ところが恋をするとその若さのために心は苦しみに変わるのです。

このように人間の心はいつも変化しています。いや、この世にあるもので変化しないものはないのです。これが仏教でいう「すべてのものはうつろう・諸行無常」のいちばんわかりやすい形でしょう。

しかし人間は目の前にあるものにとらわれ、それがうまくいかなければ悩み、苦しみます。それが煩悩に惑わされている間の人間の姿そのものです。

もう一つ、これは石川啄木《いしかわたくぼく》の歌です。

「さばかりの事に死ぬるや」
「さばかりの事に生くるや」
止《よ》せ止せ問答

さばかりとは、〝その程度のこと〟という意味で、老いを知らぬ若さのおごり、人を恋する悩み、執着などです。自分の煩悩だけにとらわれている問答などは無用だと啄木は詠《うた》っているのです。

しかし、与謝野晶子の強烈なパンチが男性にはこたえます。

やは肌のあつき血潮にふれも見でさびしからずや 道を説く君

こうした問題をひとつひとつ、逃げずにクリアしていかなければならないのが、人としての生き方です。

言葉とにこやかさだけでも施しになる

身・語（口）・意をまとめておきましょう。人間の行動パターンを仏教では三業といいます。

一　動作を身業

二　言葉を口業

三　こうしよう、ああしたいと思う心を意業

この三つの業とも他人に対して働きかけるとき、気をくばらなければ自分も他人も傷つくアクションです。

『法句経』にも「ことばに表われる怒りを守って、ことばをつつしみなさい。ことばの悪行を捨てて、ことばの善行をしなさい」と述べられています。釈迦でさえ言葉の強い働きを考え、あらあらしい言葉づかいをせず、言葉でのよい行ないをすすめているのです。

芥川龍之介《あくたがわりゅうのすけ》にこんなエピソードがあります。

芥川家に友人が遊びに来ていて、夜になり「今、何時ですか」と尋ねられた龍之介の奥

さんが「もう十時です」と答えました。すると龍之介が、「そういうときは、もう、ではなく、まだ十時です、というものだ」と言ったのです。

「もう十時です」は「もう十時にもなってしまった。いつまでいるのだろう、もうそろそろ帰ってもらいたい」という気持ちが言葉に含まれているから、相手に失礼だというのです。

それにひきかえ「まだ十時です」は「まだまだ十時、もっとゆっくりしていってください」という気持ちが含まれます。

いまや会話のマナーさえも学校で教えるほどですが、謙譲語や尊敬語などと格式ばらなくても相手を思いやる心さえこもっていれば、その心は伝わるのです。

さらになごやかな表情がプラスされれば十分で、これをセットにした「和顔愛語《わげんあいご》」という言葉があり、意味は「なごやかな表情でわかりやすく話しなさい」です。これも『無量寿経』というお経にあります。

このようにお経にはふつうの人でも心が安らぐ教えを述べたものがあります。

たとえば『スッタニパータ（経集）』は釈迦が述べた言葉を詩にまとめたものでいちば

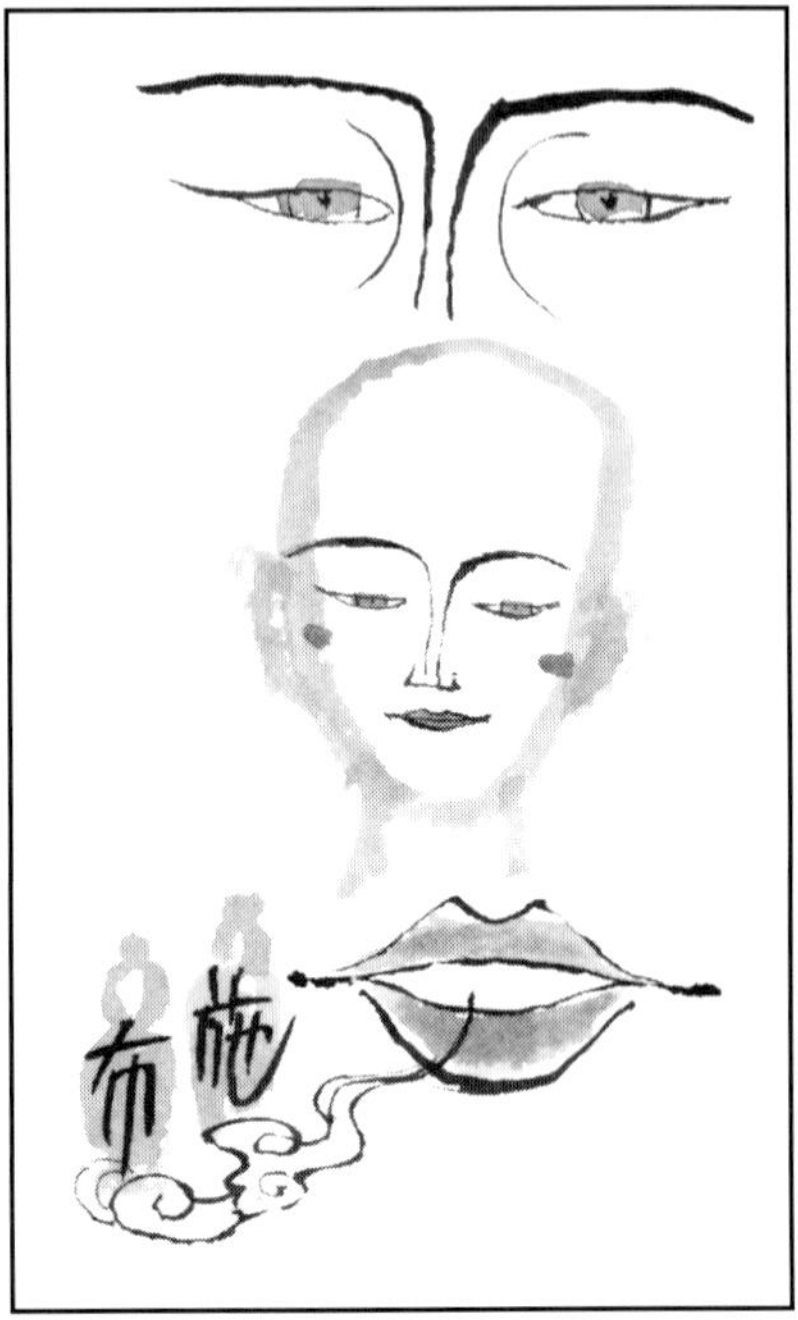

無財の七施

財産がなくてもできる布施が「無財の七施」です。
1身施・奉仕作業
2心施・思いやり
3眼施・やさしい眼差し
4和顔悦色施・周囲をほっとさせるにこやかな表情
5言施・思いやりの言葉づかい
6床座施・自分の席を譲る
7房舎施・宿を提供する
基本は眼施、和眼悦色施、言施でしょう。
さらに三つの布施を加えて十施ともいいます。

ん古いものですが、これは『釈迦のことば』という書名で身近にあります。『法句経』にもすぐれた解説書があるので、手がかりとしては十分でしょう。

こうした日常の心得のなかで『雑《ぞう》宝《ほう》蔵経《ぞうきょう》』にある「無財の七施」はよく知られています。布施は惜しみない心で他人にほどこすことで、菩薩が行なう六つの修行（六波羅蜜）の一つですが、財産を持っていない人でもできる七つの布施があるのです。

「無財の七施」のうち心がけで誰でも明日からできる三項目を先にあげてみます。まず三番目の眼施《がんせ》。これは居あわせた人の心がなごやかになるようなやさしい眼差しです。四番目を和顔悦色施《わげんえつじきせ》といい、おだやかな笑顔を絶やさないことです。五番目は言施《ごんせ》で、思いやりのこもった温かい言葉をかけることです。

やさしい眼差し、笑顔、温かい言葉。読み方はむずかしいのですが、修行と思えばいつでも誰にでもできることです。そしてこれはそのまま菩薩の修行ですから、実行できればこれまでの人間関係がきっと変わってきます。

ほかの四つの施しは一番目に身施・体を使った奉仕、その最高は釈迦も行なったといわれる我が身を犠牲にして他人を救う捨身施《しゃしんせ》です。

二番目が心施《しんせ》で他人や他の存在に対する思いやりの心です。三　眼施、四　和顔悦色施、五　言施と続き、六番目が床座施《しょうざせ》で自分の席を他人に譲ることですが、これでさえ都会では忘れられています。

七番目は房舎施《ぼうしゃせ》で自分の家に人を泊めることです。今でもバックパック一つで地方に出かけると、「泊まっていきなさい」と声をかけられ、すさんだ都会に住んでいる人間は驚かされることがあります。

またこの「無財の七施」のベースには、基本の三施があるので合計して「十施」という考え方もあります。

その基本の三施とは、

一　飲食施《おんじきせ》…………食べ物を分けあう

二　珍宝施《ちんぽうせ》…………貴重なものも分けあう

三　身命施《しんみょうせ》…………自分の体がつらくても他人につくす

です。

恋人や夫婦なら飲食施くらいはクリアできそうですが、二番目あたりから考え込んでしまいそうです。これを「人間関係が稀薄《きはく》になった」社会というのです。

ひとりでいると おごりが生まれる

「目からウロコが落ちる」とはなにかのきっかけに、それまであいまいなことや、疑問が一気にとけることです。

ただ「目からウロコ」という幸せな瞬間はそれまでは解けなかった問題が数学のレベルがあがるとわけもなく解けるのと同じで、小さなことでしか起こりません。仕事の悩み、人間関係、愛情、人生……とテーマが大きくなればなるほど「目からウロコ」という状態はやってきません。

その結果、後悔やあせりから「まあ、自分の人生はこんなもんだ」とあきらめてしまいがちです。とくに二十代のうちに人生の大すじを決めるのが常識の日本では「もう遅い」という気持ちになりやすいのです。

本当に遅いのでしょうか。たしかに転職なら年齢が問題になります。しかし心の目からウロコを落とすのに遅い早いという時機はありません。

仕事でもトラブルが起きたら、一度、作業を中断して原因を突き止めます。それは心でも同じです。悩みがあるとき、そればかり考えていたら悩みは坂を転がる雪玉のようにふくらんでいくだけ。ですから悩みに一度、ストップをかけるのです。

そして自分をできるだけ冷静に眺めます。格好をつける必要はありません。ストレートに自分を眺めれば「目からウロコ」のヒントが浮かびあがってくるのです。このように本当の自分の姿に気づき始めることを「始覚《しかく》」といいます。

釈迦でさえ苦行林での徹底的な断食、さらには仮死状態になるまで息を止めるといった当時の修行法を六年間も続けたことは再三、述べてきました。

この修行法の一つが、四~五世紀に龍樹の理論を受け継ぎながら瑜伽《ゆが》（ヨーガの語源）という考え方になります。これは精神を統一して自分の心以外、存在がないことを知るのです。いまでも「止観」という少し仏教を勉強すると出会う行があります。「止」とは静かな心、「観」とはあるがままに見る心を意味します。

釈迦と私たちの悩みを比べるにはランクが違いすぎますが、ヒントとして考えれば「悩みにストップ」は間違いではありません。

なぜなら私たちの悩みは「自分だけは大丈夫」と思っていた自信をゆるがされたことが原因になっているのです。

三種世間

人間界を有情世間、自然を器世間とよび、この世間は縁起によって結ばれたお互いに欠かせないものです。この二世間は教えを伝える対象の智正覚世間でもあるので三種世間といいます。仏の世間は別で出世間といい出世の語源です。

仕事もそつなくこなし、人にうらみをかうようなこともしていない。それでもなぜか心がふさぐ。

そんなときは「七慢」という言葉が力になります。知らないうちに「自分はうまくやっている」という心は慢心を生み出し、じつはその慢心には七つもあるのです。

①慢……劣った人に自分がまさっていると誇り、同じくらいの人には同等と誇ること。

②過慢《かまん》……同じくらいの人には自分がすぐれていると言いはり、自分よりすぐれている人に自分は同等だと誇ること。

③慢過慢……自分よりまさっている人に、自分のほうがすごいと誇ること。

④我慢……自己中心で自分をたのむ心、心のおごりから他人をあなどること。
⑤増上慢……覚っていないのに、覚ったといばること。
⑥卑慢《ひまん》……他人がずっとすごいのに、自分は少ししか劣っていないということ。
⑦邪慢《じゃまん》……悪い行ないをしても、うまくやったと心をおごりたかぶらせること。

「我慢」などはいまや美徳の言葉ですが、たしかに〝うまくやろう、他人に負けるな〟と自分をはげましているうちに慢心の心を作って、それがプレッシャーになっているから心が晴れないのかもしれないのです。

仏教の基本をもう一度、確認しましょう。

それは目の前にあるものは「いつも変化する無常なもの」であり、「生きることは苦」であり、見かけは立派でも実体は「不浄」なもので、真実を知った目で見ればすべてに実体がない「無我」がベースでした。

つまり人間はひとりの力だけで生きてはいけない。こう考えてもう一度、足元を見直すのです。

届かない目標がストレスになる

スポーツでは競技能力を高める方法としてメンタル・トレーニングを取り入れるチームや選手が多くなっています。メンタル・トレーニングというと、リラクセーションやイメージ・トレーニングがよく知られていますが「目標の設定」もたいせつなポイントのひとつです。

なぜなら正しい目標を設定し、それをくり返すことが一種の自己暗示になり、自信がわくからです。

ただし、目標には一定の条件があります。それは、

「具体的で」

「数字にでき（計測でき）」

「達成できるもので」

「現実的」であり、

「達成までの期限が決められる」

ことの四つが〝目標の条件〟です。

サッカー・ボールを蹴《け》り始めたばかりの少年が「いつかはワールドカップの得点王になるんだ」と意気ごんでも、それは夢で目標とはいえません。なぜなら夢に近づくには、がんばれば手が届く範囲の目標を設定し、ひとつずつ着実に達成していくことが正しいのです。

仏教にも同じような意味の言葉があります。

それが「八大人覚」で、仏教を修行する人に釈迦が与えた条件です。そのひとつが「少《しょう》欲《よく》知《ち》足《そく》」です。これは「多くをのぞまず、足《た》ることを知る」ことです。

この言葉に代表されるのが江戸時代の禅僧・良寛《りょうかん》の生活です。

僧堂での修行を終えた良寛は三十八歳で郷里の新潟県に戻り、庵《いおり》をむすんで暮らし始めます。貧しさそのものの生活で、見かねた周りの人が食べ物など布施をするのですが、それさえも他の貧しい人に与えてしまいます。

布施について釈迦は、「落ち穂《ぼ》を拾って暮らしている修行者でも、ふつうに暮らしてい

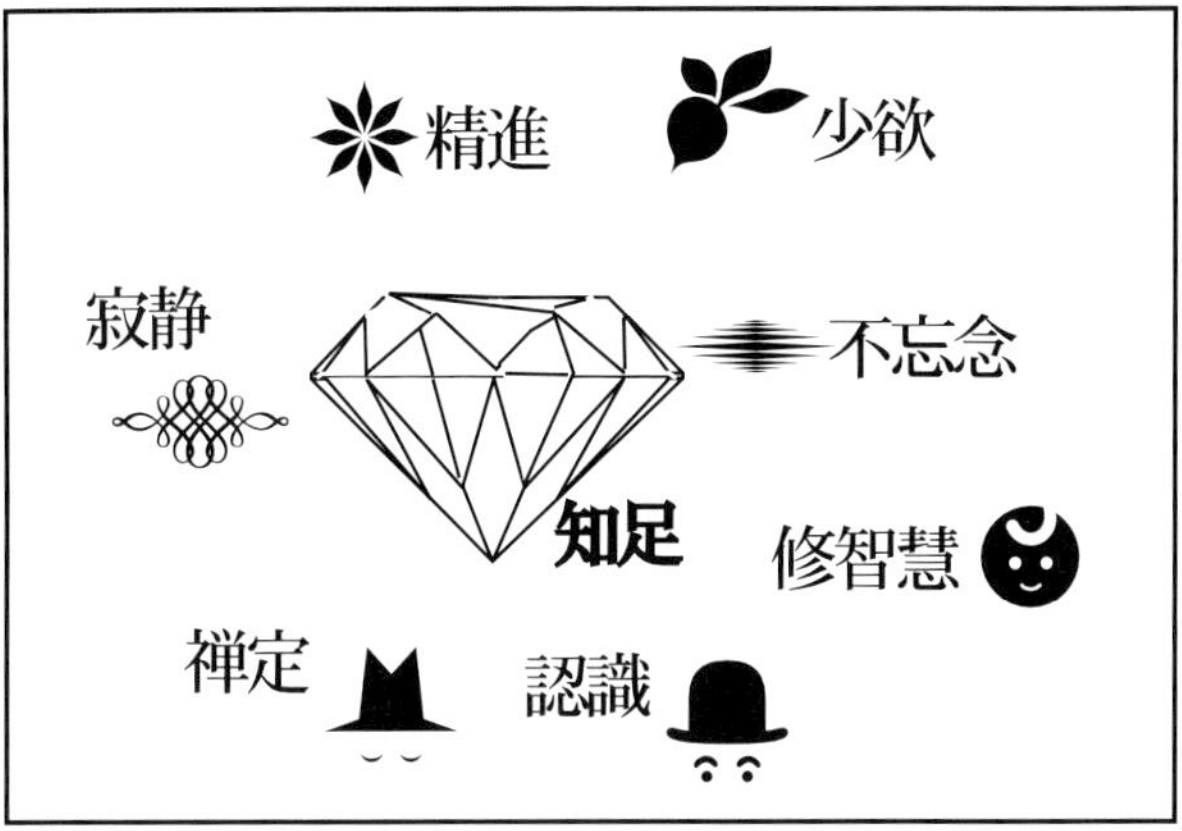

八大人覚

八大人覚とは釈迦が説いた修行者の心得です。少欲（多くを求めない）、精進（ひたすらにはげむ）、寂静（しずかな場所）、禅定（心を集中する）、認識（正しく考える）、修智慧（智慧を学ぶ）、不忘念（教えを忘れない）、知足（足ることを知る）の八つ。このうち知足は他の七戒すべてに通じる言葉で、「少欲知足」「精進知足」などとも言います。

る人であれ、乏《とぼ》しいなかから（持ち物を他人に）与える人は法を行じて（仏の教えに沿った正しい行ないをして）いる」といっています。

良寛は文字どおり、それを実践しました。幼ない子と鞠《まり》つきを楽しんでいたとき、にこにこしながら子どもの友達になりきっていたのでしょう。こんな気どりのない良寛の暮らしぶりは、少欲知足に徹した姿そのものだったと言えます。

これはキリスト教でも同じで、ある日、イエスは人々が神殿の賽銭箱《さいせんばこ》に寄進するようすを見ていました。信者が次々にお金を投げ入れていくのですが、しばらくすると夫をなくした女性がやってきて少額ですが、手持ちのお金をぜんぶ寄進してしまう。

イエスは弟子を集めて、「この女性はいちばん寄進をした。ほかの人は余った金を入れたが、彼女は生活費ぜんぶを入れたからだ」と述べています。

他人の見ていないところでの善行をキリスト教は重視します。

さて「少欲」ですが、多くをのぞまないという点で「目標の設定」は同じです。

しかしスポーツの目標設定と少欲知足ではめざす方向は正反対なのです。スポーツはより大きな夢を実現しようとします。

しかし、仏教では「夢」とはこだわりや執着をなくすための方法なのです。ですから良寛の境地にはたどりつけない私たちにとって、スポーツの目標設定のほうが自分にメリットがあるように思いがちです。

そう考えるなら夢は夢としてべつにしておき、毎日の希望や目標を「少欲知足」に切り替えるのです。とくに「知足（足ることを知る）」を心におきます。

体に障害を持ちながら、そのハンディをものともせずに仕事や芸術、スポーツなどの分野で輝いている人がいます。この人たちは手が不自由でも元気な足がある、体は動かなくても頭脳は働くというように、自分の足りている部分に光を当てて努力してきたのです。足りない部分にばかり目を向けずに、いま、足りていることに光を当てて考えれば新しい展開が開けるのは、たまたま五体満足な人にとっても同じです。

不本意な会社に就職してしまった、いやな部署に配属されてしまった。こんなとき「自分にはもっといい場所があるはずなのに……」という考えに支配されたら何もよくなりません。

よく「逆境に負けない」といいますが、負けないための第一歩は「足るを知る」ことです。

個性を力いっぱい主張していいのだ

瀬戸内寂聴《せとうちじゃくちょう》さんが「冥《みょう》加《が》」という言葉を、「庭に雑草がはえると近所の人がだまって抜きにきてくれる」関係だと教えています

が、仏教の基本のいくつかを心にとめておけば、このような他人とのつながりが生まれてくるのです。

「人間の三大欲求は食欲、性欲、睡眠欲」などはあまい幻想です。欲の数は無数であり、私たちはその根を自分の中に持っている。そうした人間たちが作ったのがいまの世界です。

「私が変わっても社会は何も変わらない」と思うでしょう。しかしいまを変えたいという思いは気づかなくてもずっとあったのです。たとえば映画の「寅さん」シリーズのヒットがそうでした。

その理由のひとつを生みの親である山《やま》田《だ》洋《よう》二《じ》さんが『寅さんの教育論』で次のように述べています。

「集団を構成する一人ひとりが個性的であればあるほど、その集団は良い集団です。そして、人間は集団の中に入ってこそ、より個性的になれる。あるいは自分の個性を認識できるのです。集団のお互いが、尊敬し合い、愛し合っていなければできないことです。相手の気持ちになってやれるとか、人の立場にたってものを考えるとか、人の幸せのために自分はどうすればよいか、そういうことにかけては寅は誰にも劣らない能力をもっています」

どんなに孤高《ここう》の芸術家でも心を許せる人は数人はいるはずです。現代は組織の時代からインターネットを中心にした個の時代に戻ろうとしていますが、個人もネット上では多くの人たちとつながっているのです。

山田さんが述べる「集団を構成する一人ひとりが個性的であればあるほど、その集団は良い集団」といままでは逆でした。

未来経済を説くA・トフラーはインターネットを中心にした二十一世紀は「個人と組織が摩擦を起こす時代だ」と述べていますが、そのためにはまず「個」という意識がはっきりしていなければならないでしょう。その土台が宗教にあたるのです。

個がしっかりすれば、相手との距離にいちいち気を遣わずにすみます。

この考えが初期の仏教からあり『スッタニパータ（経集）』にも、

「どのような生き物でも、弱いものでも強いものでもすべて、長いものでも、大いなるものでも、中くらいのものでも、短いものでも、見えるものでも、見えないものでも、すでに生まれたものでも、これから生まれようとするものでも、すべての生きとし生けるものは幸福であれ」

とあります。ここで強調されているのは〝「慈悲」の心を持て〟です。慈とは原語ではマイトリーといい、「友」という言葉から作られた「すべての人への友情」という、それこそイメージで作るしかない言葉です。悲はカルナーといい、嘆き苦しむようすを表わしています。つまり、すべての人の苦しみがわかり、その苦に対して同じ立場に立って苦しみをいやすのが「慈悲」です。

「愛」という執着を捨てて、慈悲の心を持てというのです。

釈迦は「修行はひとりでしなさい」と言っていますが、逆に「布教にはふたりで行け」と教えています。生まれたばかりの仏教の布教はひとりでは危険だったのですが、それ以外に「ひとりでは自分をあまやかし、おごりの心を起こさせるから」です。このようにときには苦言を与えながらも、ともに喜び、悲しむのが本当の友だちです。

そこまで心を許しあえる人間が少ないのも事実です。しかし心にしっかりした自分の土台を持っていれば力いっぱい個性を主張していいのです。ときにはいまの友だちとの間にヒビが入ることもおそれてはいけません。後日、もし相手が成長していれば、笑って会えるときがきっときます。

じつは「あなた」とは仏教では人間以外のほかの動物や植物を指すのです。では釈迦は何と言って相手に話しかけたのでしょう。

それは「友よ」です。たとえ信じるものが違っても「友」だったのです。

このように「相手の立場に立ってものを考える人間としての器《うつわ》の大きさ」が慈悲です。こうした人が増えれば山田監督の「集団のお互いが、尊敬し合い、愛し合う」組織が生まれます。物言わない花に「たくさん花をつけるんだよ」と思いながら水をやるのも、慈悲の始まりです。

人も
自然も
友だちに変わる

じつは釈迦は「よい友達、よい仲間、よいつながりを持つことが修行のすべて」だと言い切っているのです。

たしかに日本人の身長は百年で十センチ伸びました。しかし心の器は数センチ小さくなり、抱える悩みは数倍に増えたのです。

自然も変わりました。家でペットにしていたアライグマを飼いきれずに捨てると、そこでは野ネズミが増えます。なぜなら野ネズミを食べるキツネをアライグマが食べてしまうからです。

このように人間が無意識に干渉するから周囲は独自の自浄力さえなくしてしまう。これは社会、組織、他人とのつながりでも同じです。つまり何を自分の心の土台にするかが問題なのです。実際、心を意識しないほうがずっと楽だし、うまく生きていける。なにせ心にないことを言っても胸が痛まないからです。

空海は身・口・意をほうっておくとおかしてしまう悪業が十種もあると指摘しています。身がおかす悪業は殺す、盗む、さらに男女の道を踏みはずすの三つです。口の悪業は嘘をつく、ののしる、二枚舌、うわべだけの四つ。意は貪、瞋、痴（正しい教えを知らないこと）。この合計十種です。

千年以上も前に空海は現代も見通していたのです。

もちろんこの明察《めいさつ》の根本には釈迦の覚りがあります。

釈迦の時代、僧は「施してもらう」しかなかった。

今から見れば相当に貧しい時代でも、この考えは社会システムに依存している人にはわからなかったのです。

あるとき、身分では最上級のバラモン僧が釈迦にたずねます。「何もせずにどうやって食べていくのか」と。

「信仰を種としてまき、智慧を鋤《すき》として耕す。私は毎日、身・口・意が起こしてしまう悪業の草むしりをし、懸命に努力してすばらしい実を得る」

このように最初から釈迦の耕す畑とは心だったのです。

もちろんいまの私たちが一足飛びに行ける境地ではありません。

しかし人間は自然から見たらシジミと同じなのかもしれません。ご存じのようにシジミは淡水と海水が混じり合った汽水域《きすいいき》という場所でよいものが採れるのですが、そうした環境がどんどん失われている。

私たちをカバーしてくれるオゾン層も、耕して食べ物が得られる土地も、アフリカだろうと日本であろうとほとんど違いません。数ミリのオゾン層に守られ、数センチの土壌で実るものを食べて生きているのが人間です。

こういわれても実感がなくて当然です。誰もがいきなり仏の境地になれません。しかし近代に生きたナイチンゲールでさえも「私たちが治すのは病気ではなく、病人です」と述べています。

このようにすべてが人間の心に戻るのです。

四章

密教がなぜ『心経』を誦むか

『心経』を声にしてみる

ここでは、まだもやもやとしている心を『心経』に近づくために空海の密教の考えをもとに整理します。

じつは中国では中国・天台宗の始祖が六世紀にそれまで伝えられたお経の中で、どれがいちばん貴重であるかという判断をしました。その結果、『法華経』が最高のものとされ、日本でも七世紀の聖徳太子が護国の経としてあつかったのは『法華経』だったのです。ですから昔の写経や納経は『法華経』でした。

それが『般若心経』に変わっていったのは、八世紀の奈良時代に『般若心経』を百巻単位で写経するという多心経という考えが生まれたからです。

さらに空海が『般若心経秘鍵』という著書で『心経』を『大般若経』のエッセンスではなく、独立した貴重なお経で、仏の智慧があますところなく述べられているとしたのです。

『心経』の漢訳のなかで有名なのが鳩摩羅什《くまらじゅう》と玄奘の訳です。空海は鳩摩羅什の訳を使って注解を加えています。

鳩摩羅什には三蔵の尊称をおくり羅什三蔵ともよびます。そのとおりの名僧ですが、も

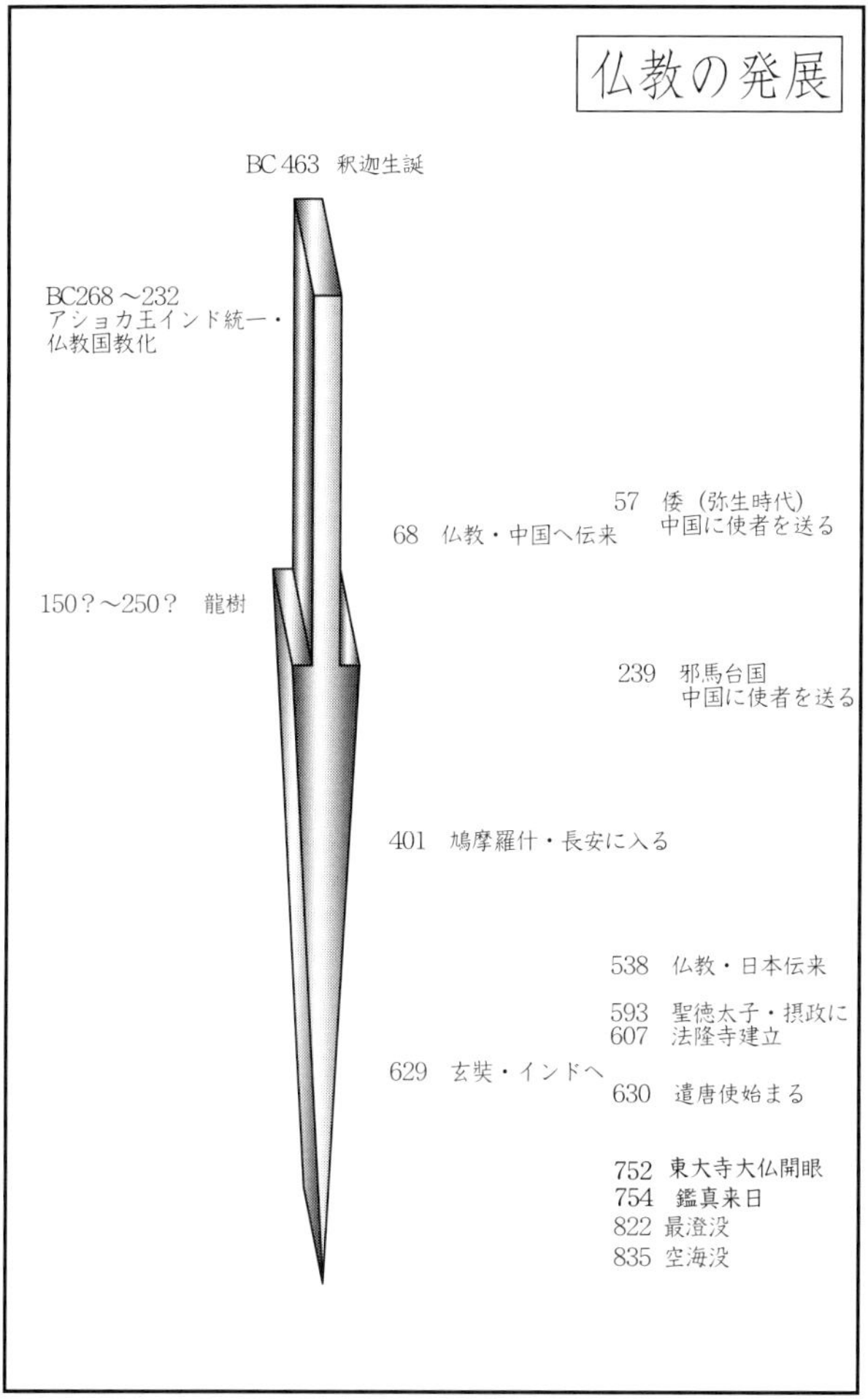
仏教の発展
BC 463 釈迦生誕
BC268 ～232
アショカ王インド統一・
仏教国教化
57 倭（弥生時代）
中国に使者を送る
68 仏教・中国へ伝来
150？～250？ 龍樹
239 邪馬台国
中国に使者を送る
401 鳩摩羅什・長安に入る
538 仏教・日本伝来
593 聖徳太子・摂政に
607 法隆寺建立
629 玄奘・インドへ
630 遣唐使始まる
752 東大寺大仏開眼
754 鑑真来日
822 最澄没
835 空海没

とは西域《さいいき》の王国の一族でした。三四四年に生まれた彼は七歳で出家した後、インドに留学して仏教をきわめます。

帰国後、聖僧と尊敬されていた母国が滅亡したため、四〇一年秦《しん》の首都・長安に入って、龍樹の『中論』をはじめ、法華経、阿弥陀経など多数の漢訳を残しました。

玄奘が『般若心経』を新たに翻訳したのは羅什から二百五十年もあとです。

さてここで、一度、28ページの心経を読んでくれませんか。宗派によって細かな発音の違いはありますが、その理由は僧にたずねることです。仏教は仏を求める人とのコミュニケーションを大事にします。

一度、『心経』を誦むと有名な「色即是空」以外にずいぶんとわかる言葉がふえているはずです。しかし単語の意味がわかっても、全体の豊かさはまだつかみにくいでしょう。これが『心経』を誦まない宗派があげる大きな理由です。『心経』の内容が大乗仏教の全体におよぶほど広いためです。

仏教を自力門と他力門に分けます。これは自力門＝「即身成仏」と他力門＝「往生成仏」とも置き換えられます。「即身成仏」を一字少ない「即身仏」という生きながら食を断った修行者のミイラを想像する人が多いのですが、これはまったくの間違いです。

ほんとうの「即身成仏」とは人間は修行によって仏になれるという考え方で、禅に代表されます。坐禅を続けると人間の汚れが落ちる「身塵脱落《しんじんだつらく》」という言葉が代表的です。

これに対して「すべてを覚った仏に自分を預け、その仏の浄土（仏国土）に往《い》って永遠に生《い》きよう」とするのが「往生成仏」で、「極楽往生」は前にふれました。

そこでまず私たちと仏の距離を再確認しておきましょう。

本来なら人間は六道の中を生まれ変わり、死に変わる輪廻転生《りんねてんしょう》をします。ところが輪廻転生は「家」中心の時代が終わり、個人が中心になったいまではイメージしにくくなっています。

実際には「家」の時代でも父の父、母の母と数代さかのぼれば親戚だらけになりますし、「私は私」といくらいばっても、その「私」は親から生まれた。その親も縁があったから親になったのです。

地獄はいまも「受験地獄」などと使われますが、地獄のありさまを述べた『往生要集《おうじょうようしゅう》』のこれでもかのリアリティをほとんどの人が忘れています。『往生要集』は天台宗の学僧・源信《げんしん》が九八四年・平安中期にお経などから資料を集め、地獄をレポートしたものです。そこには墜《お》ちる罪名、地獄の位置から形、そこでのどんな責め苦があるかまで細かく書かれています。

地獄の特徴は罪をつぐなう時間がとほうもなく長いのです。刑期が数億年などはまだまして、永遠といえるほど苦しみが続きます。人生で苦しみに出あわない人はいませんが、地獄の長さを思えばまだまだ幸せなのです。地獄や餓鬼の世界は仏教ではずっと述べられていた世界観ですが、教義からあまりウエートが置かれていなかったのです。

ですから『往生要集』はその後の浄土系を方向づけた「厭離穢土《おんりえど》、欣求浄土《ごんぐじょうど》」（苦しみやけがれにみちたこの世を捨て、浄土に生まれることを願う）という章の構成に意義があるのです。そこで『往生要集』では最初の部分で仏の教えに気づかないでいると、死後ほとんどの人間が堕ちてしまう地獄を克明《こくめい》に述べているのです。

ところが現代では病《やまい》や老《お》いを科学の力で人生をせいぜい百年に延ばしただけなのに、人は仏教の常識を忘れたために地獄さえ怖い世界ではなくなっています。

では正反対の天界ならどうでしょうか。ここではきれいな着物をきて、楽しいことばか

りです。私たちの人間界にもそれに近い人はいます。
しかし天界にもちゃんと寿命がある。寿命が近づくと天人たちはあまりの快適さに仏の教えをよく聞いていなかったので、転生が大変な不安になる。次は虫に生まれるかもしれないのに、その覚悟ができていないからです。
じつはこの天は欲界《よくかい》にある天だから寿命があるのです。欲界の上には色界《しきかい》という煩悩を離れた天があり、ここにある四つの天は禅天《ぜんてん》とよばれます。
さらにこの上の無色界《むしきかい》にも四つの天があり、最高の天が「非想非非想処天（想いがあるでもなく、ないでもない場所という意味）」といい、精神的には「覚り」直前の状態で別名が有頂天《うちょうてん》です。これをまとめて三界とよび、じつはすべて迷いの世界なのです。仏はまったく別な次元にいます。

「そんなことはない、私は修行によって仏になれる」と考えた人たちがいました。大乗仏教が「自分だけが覚ればよい」という意味で小乗仏教と名づけた教派の修行者です。これが縁覚《えんがく》と声聞《しょうもん》なのですが、彼らでさえ大変な修行をして仏に近づこうとしたのは間違いない。そこでのちに大乗仏教も彼らも聖者と考えるようになったのです。

空海は「十二縁起の法を聞いて〝あっ、そうだ〟と目覚めた人を縁覚、苦・集・滅・道の四諦を実践しようとする人を声聞」と説明しています。つまり修行法が違うだけです。四諦は原語でシュタイヤ（シャタイヤ）といい、「真理」のことで、この四諦にもそれぞれ四つずつの修行法があります。

『法華経』では「三開顕一《かいけん》」といい、縁覚、声聞、菩薩と修行法で三つに分けました。これが「三開」で、この上に唯一の仏がいるので一仏乗といいます。さらに『法華経』には「三乗」という言葉もあります。どの船に乗っても迷いの世界から抜けだせるので「三乗

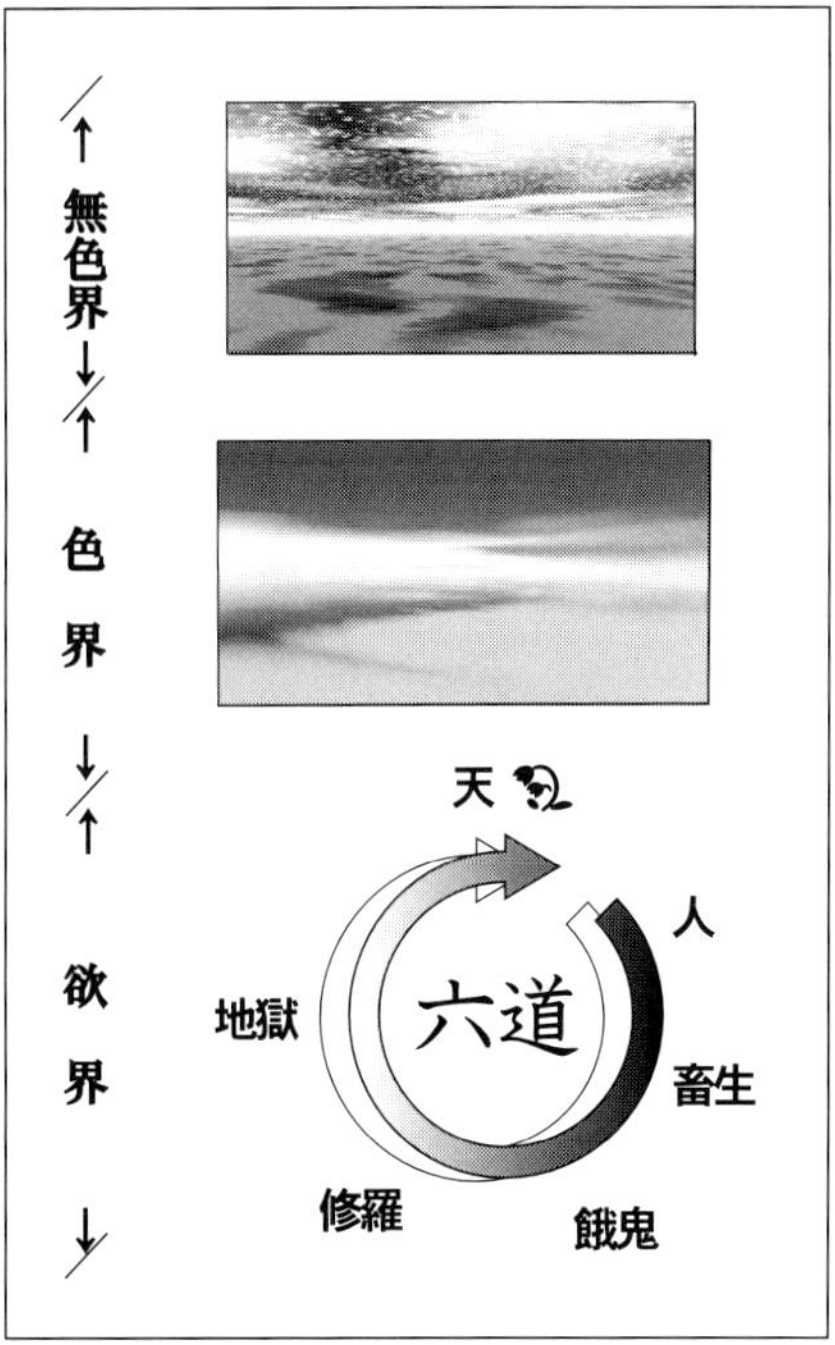

三界

私たちは性欲と食欲があるのでいちばん下の欲界・六道の中で輪廻します。欲界の天を六欲天といいます。

二つの欲を離れるとすばらしい物質でできている色界があり、四つの禅天でできています。

さらにすべての物質を否定する四無色定を会得すれば、最上の無色界に生まれられます。


方便、一乗真実」とされているのです。ここでの「方便」は「嘘も方便」と使われるのと同じで、手段や方法という意味です。

ですからふつうの人間では仏の世界にいきなりは行けないのです。

しかし、まず自分がいる「欲界」くらいは知らなくてはならないでしょう。

自然とそこに生きる

ものをまとめて欲望の世界、「欲界」というのです。動物なら欲望がないと生きていけません。人間は煩悩からさらに罪を作って死後、地獄に堕ちる。

畜生とは人間以外の動物をいいます。教えを聞く力がおとり弱肉強食がルールです。餓鬼に生まれ変わるのは前世でむさぼり、惜しみなどを繰り返していたため、心身ともに落ち着かないものたちです。

このように餓鬼、畜生はあなたの心にひそんでいますし、周囲にその名残りを持った人もいるわけです。

密教が考える『心経』のほんとうの意味

『般若心経』の注釈は昔からされており、中国はもちろん日本でも空海、最澄などの宗祖《しゅうそ》をはじめ、文学者や専門の研究書まで数多く残されています。

なかでも空海は『般若心経』を独立した〝大般若菩薩の覚りそのもの〟と解釈しているのが大きな違いです。

さらに空海は「羯帝　羯帝」以下を秘蔵真言分とよび、陀羅尼《だらに》だとして漢字ではなくサンスクリット語から説き明かしています。

陀羅尼は密教では僧が仏に近づく方法で、秘密語としてふつうの人には教えません。なぜなら真言や陀羅尼はインドでは発音そのものに意味があり、これを唱えて仏を待つものだったからです。いまなら仏のメール・アドレスと考えればわかりやすいでしょう。陀羅尼は真言とともに秘密語なのです。

ただ「陀羅尼」は密教だけでなく、禅門でも重要視されています。大悲咒《だいひしゅ》（大悲心陀羅尼）が代表的ですが、「ナムカラタンノー　トラヤーヤー　ナムオリヤー……」で始まるものです。漢字にはなっていますが、秘密語ですから、文字では意味はわかりません。しかし、大悲咒はいっさいの災厄を払う貴重なお経です。

陀羅尼とは「すべてを覚え、絶対に忘れない」、仏教用語では「総持《そうじ》」といい、精神集中法なのです。しかし、空海は秘密語の意味もこの著ではあかしています。

その理由は「如来はふつうの言葉がふさわしい人にはふつうの言葉で、秘密語にふさわしい人には秘密語で教えを述べられている。だから陀羅尼を教える、教えないのも如来の考えにかなっている」からです。

この考え方から『般若心経』は真言密教でも重要な経となりました。「密教」の言葉から真っ赤に燃えあがった護摩壇《ごまだん》の炎と加持《かじ》・祈祷が思い浮かびます。野外で行なわれる護摩を柴灯護摩《さいとうごま》といいますが、これは修験道《しゅげんどう》のものです。空海も雨を降らす修法を干ばつに苦しむ農民のために何度も修《しゅう》しています。

空海より少し前の飛鳥京《あすかきょう》が水の都だったことが、最近わかってきました。水と空気と安全はタダと思ってきた私たちも、さわやかとはいえない空気くらいしか自由に手に入りません。当時の人がどれだけ水を必要としていたかは、私たちが自然をすべて失ってみないと痛感できないでしょう。

ところで密教は自力門なのか、それとも他力門なのでしょうか。

その答えは加持にあります。

大日如来を一字で示すのが「阿」字です。阿字には本不生（ほんぶしょう）、本来、何かから生まれたものではないという特徴があります。過去・現在・未来と永遠に存在するのが大日如来です。

密教の僧は印を結び、真言を唱え、精神を集中させて仏と一体になろうとするのです。身・口・意のすべてをかけて人間の姿のまま仏になる。この状態を入我《にゅうが》我入《がにゅう》といい、この境地を求めて密教では修行が続くのです。

「人はそのまま仏。師について修行を積んで、人間のまま仏になる（即身成仏）」と考えるのが密教です。

ですから入門を許されたら修行が待っています。五《ご》体投《たいとう》地礼《ちれい》という体を地になげうつ礼拝もあります。それも過去・現在・未来の仏に向かって千回ずつ繰り返すのです。

こうした修行はどの宗派でも行なわれるので、知識だけから仏教がわかったと思うのは早計なのです。

出家できない私たちが次に思い浮かべるのが曼荼羅《まんだら》でしょうか。もちろん原語をそのまま漢字にしたのでマンを自然、ダを自己、ラを世界を表わすなどという説もありますが、ふつうはマンダを仏の無上の覚り、これを醍醐《だいご》といい、ラはその世界を共有するという意味に理解されています。

寺院や博物館で見られる二枚の曼荼羅は大日如来を中心にした諸仏が描かれたものです。

これを両部曼荼羅といい密教の宇宙観を表わします。仏の世界を示す胎蔵界《たいぞうかい》と覚りの順序を示す金剛界がペアなので両部なのです。

胎蔵界曼荼羅の中心に描かれているのが密教の教主・大日如来です。曼荼羅は仏像による曼荼羅もあり、高野山《こうやさん》や後白河上皇が献納した熊野・那智宮のものが有名です。

曼荼羅からわかるように空海の真言密教（京都の東寺を根本道場としたので東密、最澄が教えた密教を天台宗の一字をとって台密）では大日如来が教主なのです。

胎蔵界曼荼羅は中央の大日如来をはじめとして四百九の仏を配したもので、大日如来がどのように人々を救うかを表わしています。（東京国立博物館・蔵）

じつは空海は大日如来の直系にあたる密教の第八祖です。その系図をたどると龍樹（密教では龍猛菩薩）が登場します。

金剛薩埵も実在の人物で、別名を普賢菩薩という説もあります。伝説ではインドに封印された鉄の大きな塔があり、ここに立ち向かったのが龍樹でした。龍樹は大願を起こしてこの門を開き、密教の二大経典の一つ『金剛頂経』を口《く》伝《でん》されたといいます。

空海は長安でわずか六カ月でサンスクリット語をマスターしたと

前に述べました。

　ですから大日如来を祖とする密教は空海にあますところなく伝わり、真言密教ではサンスクリット語が使われるのです。

　さらに密教では種子《しゅじ》というサンスクリット語一字で、それぞれの仏の徳を表わすのも特徴のひとつで、たとえば文殊菩薩の種子はマンと発音される一字です。

　では釈迦と大日如来の関係はどうなっているのでしょうか。胎蔵界曼荼羅をよく見ると四百九の仏が十二のグループに分かれています。

　その中に釈迦院があり、中央に釈迦がいます。釈迦と大日如来については『金剛頂

付法の八祖

大日如来→金剛薩埵→龍猛（龍樹）菩薩→龍智菩薩→金剛智三蔵→不空三蔵→恵果→空海

伝持の八祖

龍猛菩薩→龍智菩薩→金剛智三蔵→不空三蔵→善無畏→一行→恵果→空海

付法は「広付法伝」の略。密教の正統を継ぎ広めた人。

伝持は密教を広めた人。

龍猛、龍智、金剛智はインドの人で、金剛智が中国に渡って密教が中国に伝わりました。

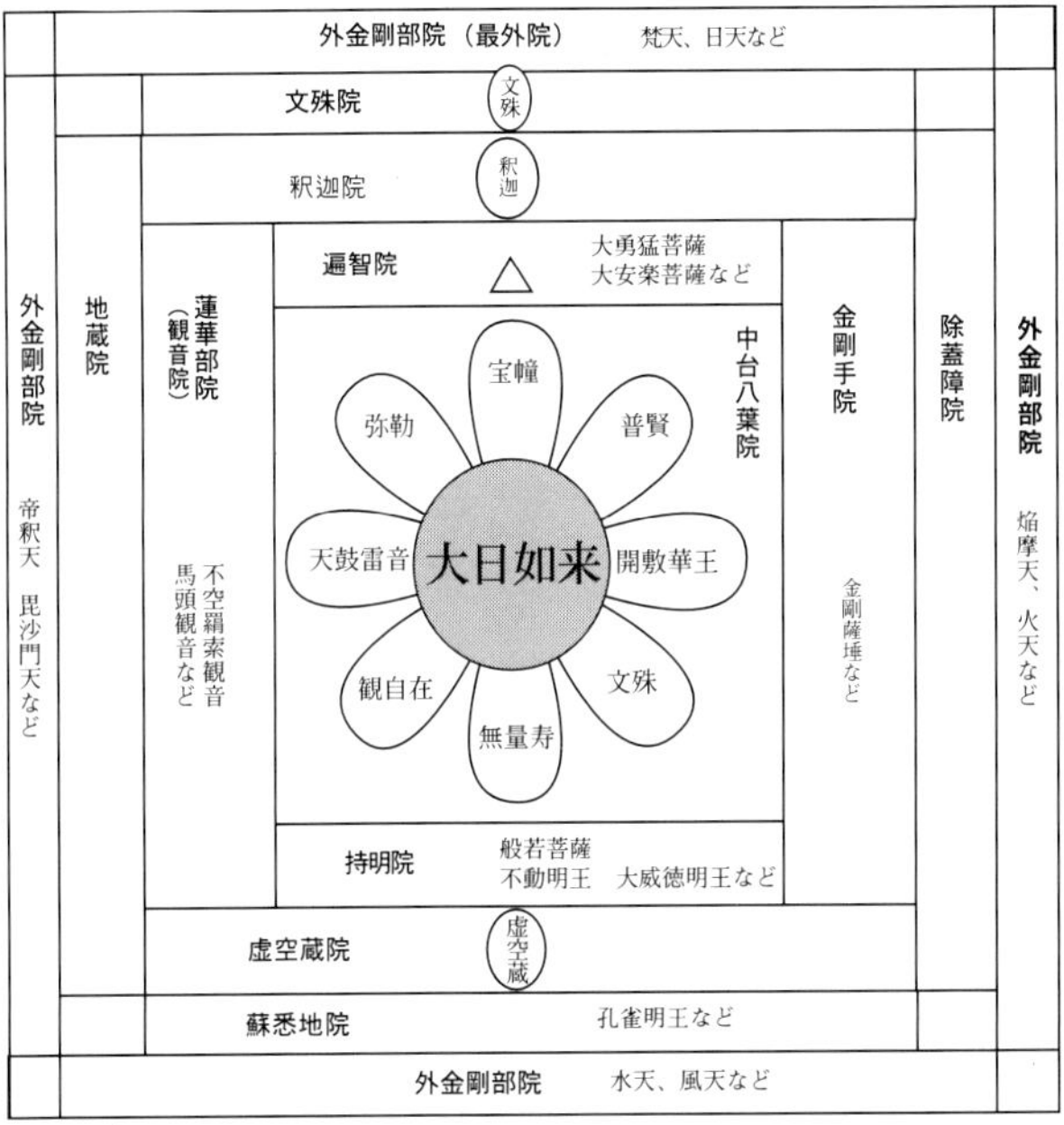

経』に「一切如来《いっさいにょらい》が一切義成《いっさいぎじょう》就如来《じゅにょらい》に覚りを開く法を教えた」とあります。一切如来とは大日如来、一切義成就如来は釈迦を指します。

胎蔵界曼荼羅のポイントは中心にある中台八葉院の宝《ほう》幢《どう》、開敷華王《かいふけおう》、無量寿《むりょうじゅ》（阿弥陀）、天鼓雷音《てんくらいおん》の四如来、観自在、文殊、普賢、弥勒の四菩薩が大日如来の特質を表現していることです。

その八葉院の下に持明院《じみょういん》があり、ここに般若菩薩の名が

大日如来を囲む観自在、文殊、普賢、弥勒の四菩薩と他の四如来は大日如来そのものの性質を表わしています。般若菩薩のいる持明院は大日如来と直接、対話します。

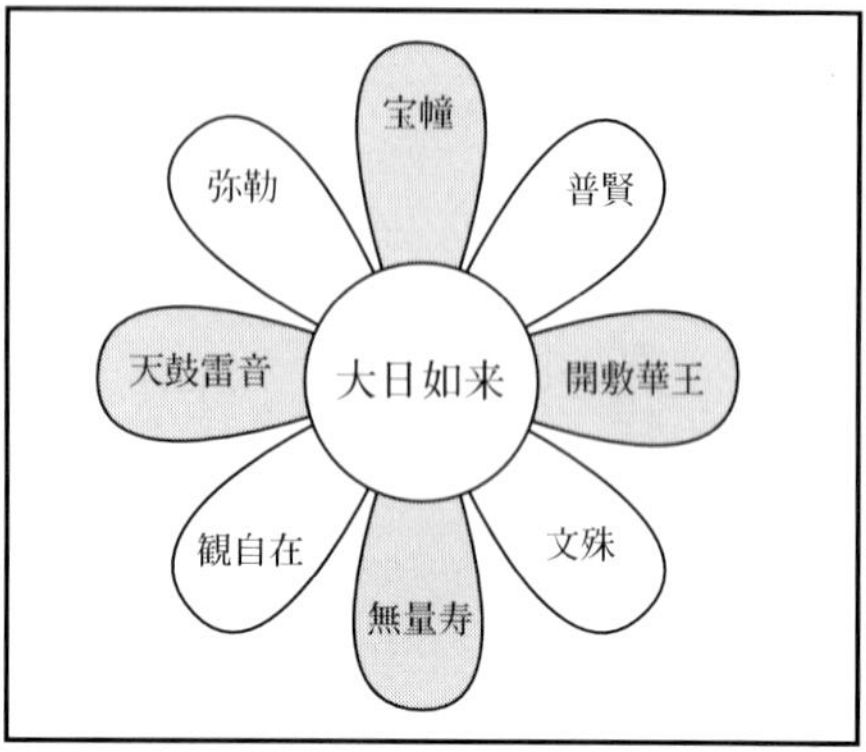

あります。この持明院は大日如来と直接に対応する、つまり大日如来の智慧をそのまま表現しているのです。

密教では釈迦も密教を説いたのですがよく伝わらなかったので、もう一度、大日如来は金剛薩埵に教えなおしたとされています。また釈迦は大日如来が人間に姿を変えた形という説もあります。

ここで思い出さなければならないのは、大乗仏教の指針を作った龍樹は釈迦から約五百年もあとの人で、密教がインドで確立したのは龍樹からさらに約四百年後だということです。

金剛薩埵はお経に「金剛手」という名で登場します。密教が重んじるお経では大日如来の教えを直接に聞く「対告衆《たいごうしゅ》」とされています。

たしかに空海の指摘はこれまで見てきたものより厳しいものです。たとえば『秘密曼荼羅十住心論』では「煩悩・菩提（覚り）、地獄・天、生死・涅槃（迷いがなくなった世界）、空・有」などといった対《つい》になった言葉をあげ、「これらはすべて人間の呼び名の一つである」と述べています。

つまり修行によって煩悩の世界から覚りの世界へ、欲望にこだわった世界から覚りの世界へ行きなさい。人間に仏になれる資質はあるのだから……と説いているのです。

欲望から異性にふれてはならない

同じ本の中に殺生・偸盗・邪淫・妄語の四重禁戒に加え、女性出家者にはさらに四つの重要な戒めがあると述べています。これは「愛欲から男性にふれてはならない」、「愛欲から手にふれてきた男性の手はふりはらわなくてはならない」などですが、いまでは男性も心得ておかなければならないことでしょう。

南方仏教では女性出家者の守る戒律が男性よりも多いのですが、大乗仏教にもその傾向はあります。女性は自分の魅力に心を配らなければ心が落ち着かないのです。

釈迦像には三尊像があり、中央の釈迦の脇には多くの場合、普賢菩薩と文殊菩薩が配されます。このとき文殊は剣を持つこともありますが剣は衆生の迷いを断つものです。

さて問題の心ですが、空海の考えは一貫しています。心の病を除くには経・律・論に加えて、般若・陀羅尼の二つ、つまり「五蔵の法」をマスターするのです。これが大日如来の教えです。

ここでも般若があげられています。『般若心経秘鍵』にも「覚母《かくも》の梵文は調御《ちょうご》の師なり」とあります。

覚母は仏母《ぶつも》と同じで、仏の智慧そのものので、つきることなく覚りを生み出す母とは般若菩薩を指すのです。

調御とは仏の十の呼び名（仏の十号・如来、世尊など十種）のうち、人間を調御（コントロール）する者という意味の

調御《ちょうご》丈夫《じょうぶ》の略です。

つまり「般若菩薩が教えられる梵語の経文こそ、仏でさえ師とあおぐものです」と空海は述べているのです。

「梵語の経文」とは先に述べた「羯帝　羯帝」以下の秘蔵真言分のことで、仏の真の覚りをサンスクリット語で表わしているというのです。

さらに空海は大般若菩薩とは教えを説くために姿を変えた大日如来だとしています。仏は慈悲からその姿を変えます。大日如来が修行中である菩薩に姿を変えたので般若菩薩には「大」がつけられます。

空海は『般若心経』を大きく五つの部分に分けて、くわしく注釈を加えています。この本では秘蔵真言分については最後にふれます。

ただ空海の『般若心経』論についてはここまでとしておきましょう。密教を理解するにはまだ力不足ですし、わずか二百六十字あまりの経から密教世界を説こうとする空海の姿、それをいまの私たちに教えてくれるすぐれた解説書は別にあります。

空海も秘蔵真言分の解説のあとに「この真言の真意にはとても深く広い意味があって、解釈するのには想像もつかない時間が必要です。もしどうしても知りたければ真言の教えによってさらに問いかけなさい」と述べています。空海が前提にしているのは仏に向かう人間の心そのものです。

さらに宗派によって『般若心経』の分析法が違い、解釈も違うので、この先はあなたの心がけ次第といっていいでしょう。

人には自然と真理が必要なのだ

ただ、空海は般若菩薩を大乗仏教の智慧そのものと考え、経・律・論を修めたうえ、この般若の智慧を知らないと陀羅尼もわからないとしています。般若と陀羅尼を加えた五蔵をすべて知ることが必要なのです。

密教瞑想法

密教の基本経典には『大日経』と『金剛頂経』があります。この二つのお経は七世紀ごろインドで成立し、すぐに中国に伝えられました。

『大日経』は大日如来が直接、教えを説いた最初のお経です。

さらに『金剛頂経』には大日如来が教えた仏と一体化する瞑想法が述べられています。大日如来が説いた相手は一切義成就菩薩で、これは釈迦の別名といいます。

その瞑想法とは、

1　通達菩提心（つうだつぼだいしん）……霧の中にある満月のように自分の中に仏の心（菩提心）があることを知る。

2　修金剛心（しゅうこんごうしん）……その菩提心を輝きわたる満月のようにはっきり自覚する。

3　成金剛心（じょうこんごうしん）……この月に金剛杵（尖端がとがった魔物退治をする密教の法具）を重ねる。

4　証金剛心（しょうこんごうしん）……金剛杵に自分を一体化する。

5　仏心円満（ぶっしんえんまん）……仏と一体になる。

三蔵が五蔵になぜ増えたのでしょうか。理由の一つは社会の変化です。初期の仏教から随、唐の文化をへて、日本も平安時代に入っていた。落ち穂を拾っていた釈迦の時代とは格段の差があります。

社会が悩みの種を増やすのです。貧富の差、身分の差、現世利益を懸命に追う人……そして一方では都が栄華を誇ると人の出入りは増え、情報も全国に流れます。

先年、「以前、僧は『そうですか』『よかったね』『困ったね』と言っていればよかった」と名僧が話されていましたが、その時代では僧が相手の心の中にいる仏と本当の仏との間に入って通訳の役割をはたしてあげれば、迷いも悩みも薄らいだのです。つまり聞く耳を昔はふつうの人でも持っていたのです。

日本で僧になるのは九世紀にできた僧尼令では天皇の認可が必要でした。この認可があればいまの税金にあたる課役《かえき》が免除されたかわりに国家鎮護の祈祷を義務づけられたのです。このように日本の初期の仏教には国家を守る姿勢が強かったのです。

空海もそうした仏教の流れを受け継ぎながらも、より多くの人を救いたいと願いました。だからこそ「経・律・論を修めるのは当然で、さらに般若を修め、陀羅尼を学んでこそ、人は悩みから解放される」と説いたのです。

新しい時代に釈迦のように迷っている人に問われたら、その迷いをぬぐう説法のやり方では間にあわないと空海は考えたのでしょう。それが空海の足跡に現われ、仏教を広めるだけでなく数々の治水事業、さらには種智院《しゅちいん》という大学の開設にまでおよぶのです。

釈迦の説法を対機説法《たいきせっぽう》といいます。相手の投げかけた疑問に対し、相手の水準に合わせて答える。それは病後の食事が流動食から始まるのと似ています。

それでは仏を知らないもっと多くの人を救えない。前に述べたとおり、有情世間に生きる人間は自然（器世間）と仏の世界（智正覚世間）にいつも目を向けていなければならないのです。

新幹線ができたら、それに乗って地方の人が都会に出てしまい、残された墓や寺は荒れほうだい……こうした皮肉な現実を空海は千百年以上も前に予見していたのです。

空海は「度を過ぎた情欲は量《はか》りしれず、昼夜ともに楽しむことがはなはだしい」と断じ、「あわれなるかな、あわれなるかな長眠《じょうみん》の子《し》。苦しいかな、いたましいかな、狂酔《きょうすい》の人」と述べています。「長眠の子」とは煩悩に閉ざされた暗い世界に眠っている人を、「狂酔の人」とは欲望のおもむくままに生きている人を指しています。

五章

『心経』を読みとく

『心経』を重要視する宗派でも『心経』をどのように分けて解釈するかは違いがあります。

『心経』を唱えることを「誦持《じゅじ》」、人に教えを伝えることは仏にお供《そな》えするのと同じなので「講供《こうぐ》」といいます。写経の教本があればそれに従い、寺院で習うのなら師のとおりすればいいのです。そうすれば目の前のお経にはどんな意味があるのか、自然に知りたくなります。

仏説摩訶般若波羅蜜多心経《ぶっせつまかはんにゃはらみったしんぎょう》

仏が説くはかりしれない智慧を実践するための精髄の経

ここであらためて全文を読みましょう。

仏説摩訶般若波羅蜜多心経《ぶっせつまかはんにゃはらみったしんぎょう》

観自在菩薩《かんじざいぼさつ》　行深般若波羅蜜多時《ぎょうじんはんにゃはらみったじ》　照見五蘊皆空《しょうけんごうんかいくう》　度一切苦厄《どいっさいくやく》

舎利子《しゃりし》　色不異空《しきふいくう》　空不異色《くうふいしき》　色即是空《しきそくぜくう》　空即是色《くうそくぜしき》　受想行識《じゅそうぎょうしき》
亦復如是《やくぶにょぜ》　舎利子《しゃりし》　是諸法空相《ぜしょほうくうそう》　不生不滅《ふしょうふめつ》　不垢不浄《ふくふじょう》　不増不減《ふぞうふげん》
是故空中《ぜこくうちゅう》　無色《むしき》　無受想行識《むじゅそうぎょうしき》　無眼耳鼻舌身意《むげんにびぜっしんい》　無色声香味触法《むしきしょうこうみそくほう》
無眼界《むげんかい》　乃至無意識界《ないしむいしきかい》　無無明《むむみょう》　亦無無明尽《やくむむみょうじん》　乃至無老死《ないしむろうし》
亦無老死尽《やくむろうしじん》　無苦集滅道《むくしゅうめつどう》　無智亦無得《むちやくむとく》　以無所得故《いむしょとくこ》　菩提薩埵《ぼだいさった》
依般若波羅蜜多故《えはんにゃはらみったこ》　心無罣礙《しんむけいげ》　無罣礙故《むけいげこ》　無有恐怖《むうくふ》　遠離一切顛倒夢《おんりいっさいてんどうむ》
想《そう》

究竟涅槃《くきょうねはん》　三世諸仏《さんぜしょぶつ》　依般若波羅蜜多故《えはんにゃはらみったこ》　得阿耨多羅三藐三菩提《とくあのくたらさんみゃくさんぼだい》

故知般若波羅蜜多《こちはんにゃはらみった》　是大神呪《ぜだいじんしゅ》　是大明呪《ぜだいみょうしゅ》　是無上呪《ぜむじょうしゅ》　是無等等呪《ぜむとうどうしゅ》

能除一切苦《のうじょいっさいく》　真実不虚《しんじつふこ》　故説般若波羅蜜多呪《こせつはんにゃはらみったしゅ》　即説呪曰《そくせつしゅわつ》

羯帝《ぎゃてい》　羯帝《ぎゃてい》　波羅羯帝《はらぎゃてい》　波羅僧羯帝《はらそうぎゃてい》　菩提僧莎訶《ぼじそわか》

般若心経《はんにゃしんぎょう》

まず一行目には『心経』の由来が述べられます。

「仏説摩訶般若波羅蜜多心経」の仏説を空海は大般若菩薩が説いたとしました。しかし、ここでは釈迦と考えましょう。

次の「摩訶」はマハーという言葉に漢字をあてたもので「偉大な」とか「はかりしれな

い」という意味です。玄奘の訳には「仏説摩訶」の四字がありません。「般若」はサンスクリット語が「プラジュニャー」、パーリ語で「パンニャー」でどちらも〝覚りをひらいた仏が得た智慧〟という意味でした。

なぜ仏教が「知恵」ではなく、むずかしい「智慧」という字をあてるかといえば、それは正しい行動を必ずともなっているからです。いくら知識を積んでも行動がともなわなければ利用者のいない図書館と同じです。言葉と行動を一致させるのです。仏教には現代では忘れられている人生のテーマそのものが示されているといっていいのです。

「波羅蜜多」は煩悩に悩まされる此岸《しがん》から彼岸《ひがん》に渡る六つの波羅蜜を指します。覚りの世界が彼岸《ひがん》（パーラム）で、ここにたどり着くための身・口・意のすべての実践行を行なうことが六波羅蜜で「ろっぱらみつ」とも読みます。

「心」は「フリダヤ」といい、真髄、真実心など〝本質〟を言い表わす言葉で、エッセンスともいえます。

「経」はスートラという言葉で、もともとは縦糸の意味です。布は縦糸だけではできません。横糸、それは真実の教えに沿ったあなた自身の行動です。

観自在菩薩《かんじざいぼさつ》　行深般若波羅蜜多時《ぎょうじんはんにゃはらみったじ》

観音菩薩が深い般若の行を行なわれていたときに

お地蔵さまと観音さまはいちばん身近に見る仏像です。観音は観世音菩薩の略ですが、観自在菩薩と同じです。

じつは観自在のほうが新しい訳語なのですが、声をあげられないひとびとの不満や悩みを聞きたずね、救いの手をさしのべてくれる観音菩薩のほうが親しみやすかったのか、こちらの名が残ったのです。

昔は災害や病気、さらには身分制などから仏に対する想いは熱烈でした。千手観音像《せんじゅかんのんぞう》も有名ですが、一体の仏像に千の手、その手に千個の目をつけるのは、どう考えてもむずかしい。ですからふつうは左右二十一手の像なのです。

ところが奈良時代に創建された唐招提寺《とうしょうだいじ》の千手観音像には九五四本の手がつけられていました。仏像としての美しさをそこなわずに、できるだけ多くの人を救うために多数の手をつけた当時の仏師の技と心には頭が下がります。

観音菩薩はもともと阿弥陀如来の脇侍でした。三尊像は中心の仏の慈悲と智慧を表わすものです。観音菩薩は衆生を救う仏として信仰を集めました。阿弥陀三尊像では「左・観音、右・勢至」と見分けます。

観音像は聖観音《しょうかんのん》、十一面、千手、如意輪《にょいりん》、不空羂索《ふくうけんさく》、馬頭《ばとう》の六観音が有名ですが、七観音、最大では三十三もの姿があります。

三十三観音には中国生まれの観音も入るのですが、これは観音が救いを求める人に応じた姿になって現われるからです。

観音の語源は「救いを求める声に自在に救済する」で、そのために姿を変えるのです。それも生き物すべてにおよぶので馬頭観音が生まれたのです。

その「観音さまが深い般若波羅蜜の行をされていたとき」と波羅蜜があげられます。そこで六波羅蜜の言葉をみましょう。

すると布施波羅蜜はずいぶんと身近なも

六波羅蜜はバラバラに実行するものではありません。布施から禅定までが実践行ですがそれを支えるのが般若、つまり智慧なのです。たとえば布施をするとき相手を見下したりすればなんの行にもなりません。まず般若の心・自分の中にある仏の心を実践から学ぶ決意が必要です。

のに思えてきます。なぜなら「無財の七施」の意味を知ったからです。

持戒波羅蜜は十善戒を守ることです。これも月に六日は仏の教えを守る「六斎日《さいび》」を思い起こせばクリアできそうです。

忍辱波羅蜜ははずかしめ（辱《じょく》）にだけ耐えるのではありません。人の感情の中でいちばん長く心に残るのは愛ではなく憎しみです。憎しみに比べれば愛は炭火《すみび》のように消えます。他人からの憎悪は仏教をベースに生きれば受けるはずがありません。それでも他人からの理由のない「そねみ」「ねたみ」（瞋恚《しんに》）はあり、これに耐えるのです。

精進波羅蜜は「あらゆる努力をおしまず智慧を知ろうと実践する」ことです。

禅定波羅蜜は精神集中です。私たちなら無欲な気持ちで一生懸命、勉強をする、精いっぱい仕事をしたときのすがすがしさが入口です。「定《じょう》に入る」というように瞑想法、正しくあるべき定めに入る方法です。これが前述の瑜伽行、止観にあたります。

そして、この五つの実践行を基本から支えるのが般若波羅蜜です。

「上求菩提《じょうぐぼだい》・下化衆生《げけしゅじょう》」という言葉があります。このとおり、仏にはさらに教えを請《こ》いながら、自分でも努力しながら周囲を変えていくのです。

照見五蘊皆空《しょうけんごうんかいくう》　度一切苦厄《どいっさいくやく》

人間の体と心はすべて「空」なのだと見極められて、いっさいの苦しみを除かれた

この一節の前半は〝（観音菩薩は）五蘊がみな「空」であるという真実をご覧になって〟です。

五蘊とは仏教の人間観で「ごおん」とも読み、人間は五つの構成要素からできているという考え方です。その五つとは、

一　まず、人間の体は物質からできている。体のように形があるものを「色」

二　人には形や物質（色）を認識する感覚があるのでそれを「受」

三　人は感覚を分類し、言葉にまとめられるので、これを「想」

四　それを記憶し、意志が作れる力があることを「行」

五　受・想・行によって生まれる心の状態を「識」

で「色」以外は、たしかに人間と動物を分けるポイントです。ところが人間が作った社会こそ迷いのおおもとだったのです。社会が成長すると、それをコントロールする制度が

心とは

心は「心・意・識」の三つの働きからできています。
心は主体で、意は考える働き、識は判別する働きです。しかし仏教では心という実体はない（無自性）とします。色（物質）もなければ、心もないのです。

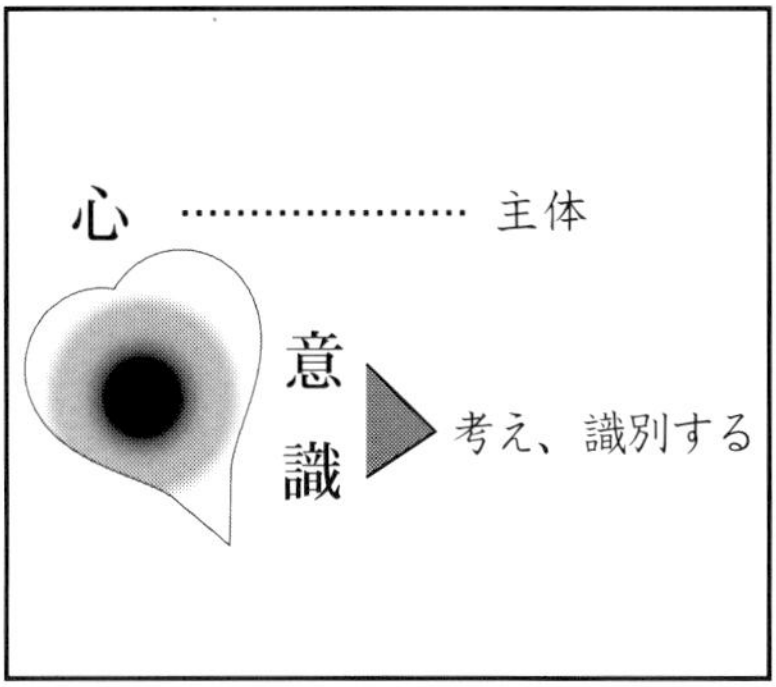

必要になってくる。そこでの制度はどういうわけかピラミッド型です。言ってみれば文化を持ったサルの群《む》れにすぎない。

そこで二千五百年前に仏教は心を戒め、行動の基準を定めた。これが戒と律です。

生・老・病・死の「四苦」はあなたが世界にたったひとりの人間になっても抜けだせません。他人がいる社会に出ればさらに四つの苦が増える。それが、

一　愛別離苦《あいべつりく》（愛するものに別れる苦）

二　怨憎会苦《おんぞうえく》（怨んだり憎んだりする相手にあってしまう苦）

三　求不得苦《ぐふとっく》（ほしいものが手に入らない苦）

で、ここまでは納得できることばかりです。そして最後にあげられるのが、

四　五蘊盛苦《ごうんじょうく》（人間の体と受・想・行・識で得たものが自分を苦しめる）

なのです。なぜなら人間には煩悩がある。つまり欲がすべての根元にあるから、眼、耳、鼻、舌、身、意という感覚器官から得た情報だけで心ができ、さらに意識も間違ったものになる。生・老・病・死に四つの苦が加わるから「四苦八苦」というのです。

これが釈迦の覚った真理の一つです。釈迦は「受・想・行・識はすべて悪魔（マーラ）である」と述べています。悪魔はいろいろなお経に出てきますが、修行中の人に「そんな苦しい修行をするより、こちらのほうが楽しいよ」とささやく声です。

水は必ず低いほうに流れます。すると一度よどんだところから煩悩というボウフラがわいてくる。さらに水がたまればまた低いほうに流れる。永久に満たされず、澄んだ水にはなれない。これが人間の心なのです。ところが人生という時間は有限です。

だからすべてが変化する（「諸行無常」）この世のものにとらわれず、何の実体を持たない自分と世界（「諸法無我」）を捨て、智慧の世界へと旅立てとすすめているのです。

人間は感情の動物であり、ひと握りの人には〝勘定〟ずくの人生です。うまくいったり、楽しい状態は永遠に続いてほしい。ところが人間は永遠ではない、だから「空」であると

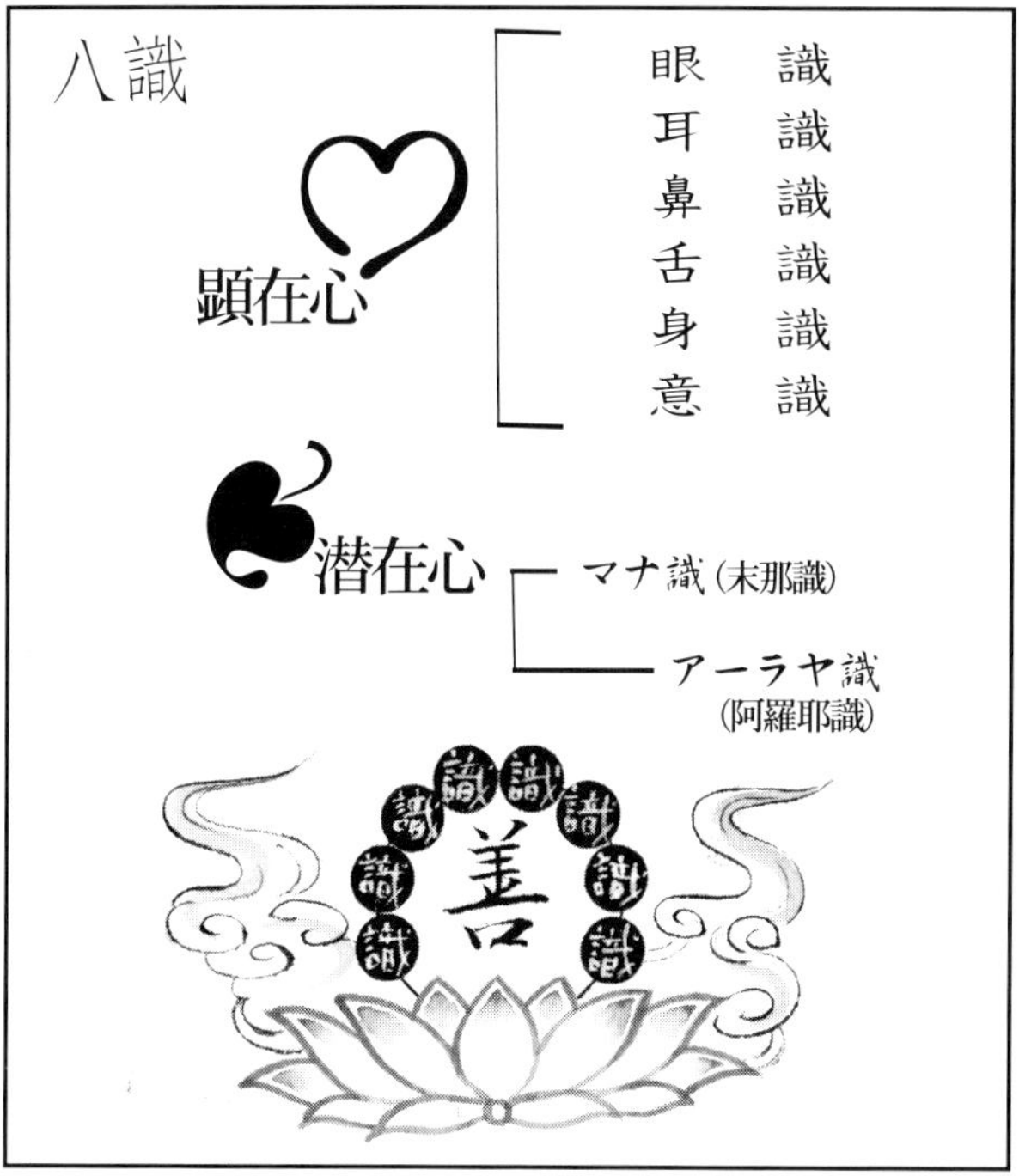

龍樹のあと大乗仏教では四世紀半ばに無着（アサンガ）と世親（ヴァスバンドゥ）によって唯識《ゆいしき》・瑜伽《ゆが》という考えが大成します。無着は弥勒菩薩から深い禅定（精神統一）を通じて人間には心しか実在するものがないと教えられました。この実践法がヨーガの語源です。

唯識・瑜伽では人間の心は八つ、八識と考えます。人間には感覚器官から得る顕在心のほかにマナ識という無意識の自己愛の領域があり、さらにその奥には根本の心の作用（識）を持つアーラヤ識がある。つまり合計で八つの識があると考えるのです。アーラヤ識を善に保つのが仏教の本意です。

観音菩薩は見極められて〝いっさいの苦しみを除かれた〟のです。

人間に永遠の愛、永遠の栄華などはない。逆に仏教の真理は「永遠に不変」です。だから「おまえたち人間は『空』なのだ。その状態を認めなさい」と観音は告げたのです。

永遠は「三世諸仏」の言葉と比べるとわかりやすい。三世とは過去、現在、未来です。過去七仏については前にも述べました。

しかし釈迦の入寂後、現在の人間界を見守っている仏もいます。その任期は五十六億七千万年、仏の名は地蔵菩薩。

そして未来仏は弥勒菩薩です。この仏は釈迦が亡くなって五十六億七千万年後に人間界に生まれ変わって、覚りをひらき、教えを述べて如来になるのです。

地蔵菩薩も観音菩薩も思いやりの心で人を救おうという仏ですから、人々はこぞって像をまつったのです。ではそれ以外の仏はどこにいるのでしょう。それはいまのあなたには見えない世界にいます。

五十七億年近くを生き抜いて弥勒菩薩の説法で目覚めますか、それともいまの自分に問いかけますか。

舎利子《しゃりし》 色不異空《しきふいくう》 空不異色《くうふいしき》 色即是空《しきそくぜくう》 空即是色《くうそくぜしき》 受想行識《じゅそうぎょうしき》 亦復如是《やくぶにょぜ》

……………………

シャーリプトラよ。形があるとは空と同じなのだ。しかし空であることもまた形なのだ。形があるからこそ空であって、空であるから形があるのだ。人間の精神もまた同じである。

「如是我聞《にょぜがもん》」（私はこのように聞きました）と始まるのが多くのお経です。初期のお経が口伝えであった証拠で、釈迦の教えを「聞いた」わけです。『心経』では「舎利子よ」と仏はよびかけます。

「どの場所で、誰に向かって話したか」が入るのもお経のパターンです。『心経』にも大本《だいほん》という経文以外に文章がついたものがあり、そこでは「釈迦が霊鷲山《りょうじゅせん》で多数の修行者といたとき」とされています。

霊鷲山は現在のインドのラージギルという街の近くにある山で、今でも説法堂の跡や釈迦が休んだ洞窟といわれるものが残っています。

『心経』の「舎利子」とは舎利弗《しゃりほつ》（シャーリプトラ）のことで釈迦の十大弟子のひとりです。舎利弗は智慧第一とよばれます。ほかに頭陀《ずだ》第一が摩訶迦葉《まかかしょう》（マハーカーシャパ）、多聞《たもん》第一が阿難陀《あなんだ》（アーナンダ）などです。お経には初期の教団を作った出家者の数は多くて二千五百人とあります。

そこに優秀な人材が集まっていたことは間違いなく、修行法もユニークで過酷なものでした。たとえば「ズダ袋」の頭陀はもともと僧が食事など寄進されたものを入れる袋で、頭陀行とはできるだけ粗末な衣食を心がける修行です。

摩訶迦葉は釈迦に師事したとき、自分の着ていた衣を差し上げ、かわりに着古した釈迦の衣を戴いた。彼は質素な生活を心がけたので、現在でも禅門ではとくに尊敬されています。

そうでなくても教団の僧に与えられた最初の戒律は、

一　食べ物は布施だけに頼る

二　衣は糞掃衣《ふんぞうえ》という他人の着古したものや横死者《おうししゃ》の衣を縫い合わせて着る

三　住居は樹木の下

などでした。それまでのバラモンが祭司をつかさどる威儀を保っていたのとはまったく違う最低限の生活を条件とし、瞑想の修行から仏教は始まっているのです。

『心経』の次の一節、「色不異空　空不異色」（形あるものは空に異《こと》ならない、空とは形あるものに異ならない）は人間へ決意をせまる言葉です。なぜならただ動物の頂点にいるだけの人間には「見えるものしか存在」しません。これは仏教の「諸法無我」の覚りとは反

仏は昔、真如(しんにょ)とよばれ、よく水にたとえられました。水を仏と考えると形はありません。しかし水面に波は立ちます。波（現象）は本質を何も変えないのです。
現象と実体の関係に気がつけるのは人間でいる間だけです。

対のうぬぼれです。

何の理由もないのに私たちは「私としては……と考えます」と話します。そのとき、自分は正しい物差しを心の中に持っているという自信があるのです。それは理知的にも見えます。

しかしその奥にはいつも対立した〝体と心、物質と精神、苦しみと楽しみ〟という基準を抱え、これを自我と勘違いしているのです。ところが仏教は人間にわかるものに実体はなく、だから空であり無なのだとします。つまり「私はあなたにはなれない」が「同じ時代をともに生きている」という認識を取り戻すことも求めているのです。

それがわからないから持ち物や地位で人との区別を計るようになった。こうなると同じ人間なのにコミュニケーションができません。

火星との通信にはいまの技術でさえ片道二十分はかかります。しかし同じ考えを持っていればコミュニケーションはとれます。そのとき自分も相手にも「人の心を知り、いっしょに伸びていこう」という心の豊かさがなければ会話は成り立たない。「自我」ではなく「私我」というおごりにひたった人には権威、組織、名誉、財産、容貌などがすべて必要になってしまうのです。

仏教には「不二《ふに》」、「一如《いちにょ》」という考えがあります。これは仏の智慧の一つの表われで、一見、対立したように見えるものがじつは一つなのです。たとえば理智という言葉は二つで一つです。理は現象を正しく認識する力であり、智は理解する力です。この二つが一度に働いてはじめて人は智慧の入口に立てます。ですから空海も「色空もとより不二なり」としています。

仏は智慧第一の舎利弗にさらに説きます。

「色即是空」・形あるものに永遠はない。

「空即是色」・永遠ではないから一時的に形をとって現われるのだ。

「受想行識　亦復如是」・またこの法則は心の働きでも同じである。

つまりここからは仏へ心を向けなさいという励ましです。舎利弗は心得ていたでしょうが重要なのであえて文字にしたから『心経』は貴重なのです。

「色即是空　空即是色」のフレーズは誰もが知っています。しかしその重要さがわからないのは言葉を忘れているためです。文字や言葉はだいじです。自分の意識がどこにあるかを知り、真理に近づくには言葉しか、手がかりは残されていません。

たとえば死が近い人が目の前にいるとします。

そのとき、あなたは「私も死んであげる」と言えるほどの心があるでしょうか。もちろんとてもできないと互いに承知のうえです。あなたの言葉は方便にしかすぎませんが、これが人間のできる慈悲の形です。

孤独死が増えているのは人に心がなくなった証拠です。

舎利子《しゃりし》　是諸法空相《ぜしょほうくうそう》　不生不滅《ふしょうふめつ》　不垢不浄《ふくふじょう》　不増不減《ふぞうふげん》

シャーリプトラよ。これこそが諸法が「空」という実体なのだ。どこからか生まれたものでもないし、滅びるものでもない。汚れるものでも汚れないものでもない。増えるものでもなければ減ずるものでもない。

竹というのはふしぎな植物です。まっすぐに伸び、成長した証拠に節《ふし》を作る。タケノコは食べられるし、幹は細工物や建材にもなる。

小さな篠竹《しのだけ》は昔、弓矢に使われたのです。しかし竹は繁りに繁って、群れがピークを迎えると花を咲かせて枯れてしまう。過密になると別なところに移ってまたまっすぐに伸びるのです。

人間は逆に過密なところに集まり、自分で環境を悪化させる動物です。

ですから『心経』はこのように述べます。「舎利子よ、諸法無我（人間がわかるものに実体がない）という真理は『空』を表わしているのだ」。この諸法には現象のほかに人間の意識、エゴも含まれます。

人間は生まれた瞬間から「無常」の世界に入っていることに気づかない。過ぎ去った瞬間は二度と戻ってきません。どんなに幸せでもその時間は永遠ではない。それを「常に」保ってはおけない。これは逆の不幸でも同じなのですが、エゴに執着すると自我と我欲を取り違えてしまう。

「非常に」といいますが、もともと私たちは非常であり、無常なのです。どんなにすばらしいインテリジェント・ビルでもいつかは旧式な箱になってしまう。その中の組織が活性的でなければ、その速度が速くなるだけです。

だから目の前のものは「空」であり、それを見ている自分も「空」なのです。

それは十二縁起にはっきりと現われています。縁起は原因と状況がそろってはじめて起きます。すべて「私」という意識が〝見る〟のは縁起によってうまれた「現象」にすぎない。つまり実体はない。

それが「空」という姿（空相）です。

すると世の中はすべて「空」ですから、

一　それはどこからも生まれたものではない（不生）、

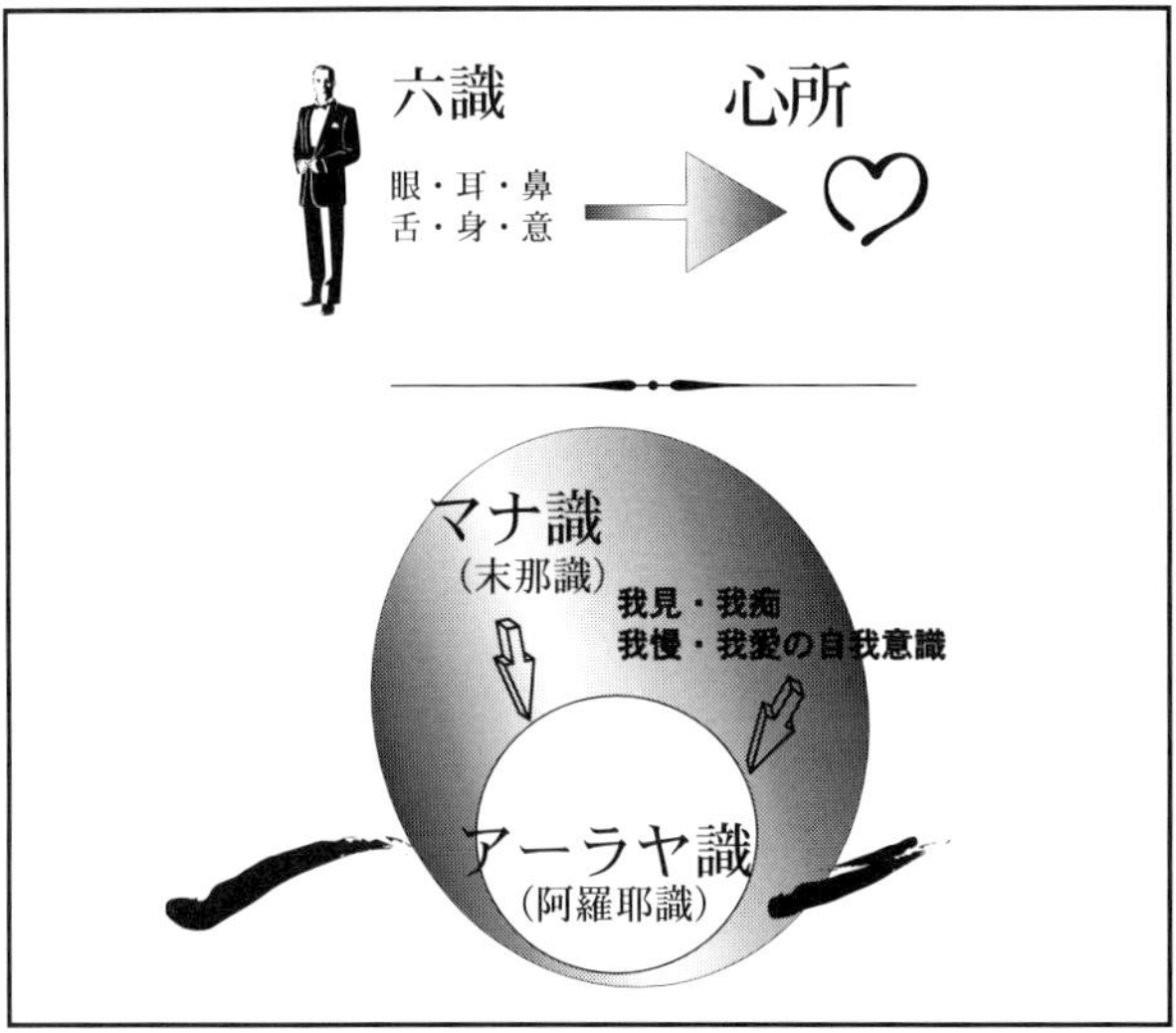

識から智へ

唯識では六識で得られたものは心所という反応となって現われるとしました。これがふつうに言われる「心」です。ですから六識の六番目の「意識」は意をもとに法を縁として働く機能といえます。

第七識がマナ識、第八識がアーラヤ識です。

マナ識には前に煩悩とされた四つの自我意識(我痴、我見、我慢、我愛)が隠されていますが、修行をしようという心があれば、善悪の原因にはなりません。

アーラヤ識は常にマナ識から刺激を受けていますが、基本的には生きているという意識を一瞬、一瞬つなぐ意識なので、煩悩を持っていません。

またアーラヤ識は「一切種子識」とも言われるようにすべての感覚を感じ、また人間の考え方や行動を生み出す基本の「識」です。

ですから覚りを得るとはアーラヤ識は消え、「智」が現われるのです。

二　だから滅びるものでもない（不滅）。
三　汚れるものでもなければ（不垢）、
四　汚れないものでもない（不浄）。
五　増えるものでなければ（不増）、
六　減るものでもない（不減）。

これを「六不《ふ》」といいます。これは龍樹の八不とほとんど同じです。

これに対して人間は「私は絶対だ」と考えているから「汚いものは嫌いだ」「財産も名誉もほしい」「おいしいものが食べたい」という気持ち（執着）が起きて、ますます「私」を絶対的なものにしてしまう。

そうではなくてすべては〝まぼろし〟なのです。

なぜなら仏の覚りだけが唯一、絶対の真理なのですから。

是《ぜ》故《こ》空《くう》中《ちゅう》無《む》色《しき》　無《む》受《じゅ》想《そう》行《ぎょう》識《しき》　無《む》眼《げん》耳《に》鼻《び》舌《ぜっ》身《しん》意《い》
無《む》色《しき》声《しょう》香《こう》味《み》触《そく》法《ほう》　無《む》眼《げん》界《かい》　乃《ない》至《し》無《む》意《い》識《しき》界《かい》

だから「空」の中では形などなく、受・想・行・識もなく、眼、耳、舌、体、心といった感覚器官もない。この感覚器官から得られる形、音、香り、味、触感、心の対象もない。

（このように）眼界から意識界まで含めた六つの心の働きもない。


おじいさんやおばあさんが家の中心にいた時代は「世の中は棒ほど願って針ほどかなうもの」と教えられたのですが、いまや「棒ほど願ったうえに、こん棒ほどかなえたい」人が多くなりました。

　それはさておいて、ここでは「無」をはじめとした言葉の整理が必要です。まず「無」で否定されるのは「色」・物質です。次に「受・想・行・識」が否定される。つまり「空」の中には形も精神作用もないのです。

　次に否定されるのが人間の感覚器官・六根です。「眼・耳・鼻・舌・身・意」というくくり方をします。これによって得られる情報が「六境」です。これは「色《しき》・声《しょう》・香《こう》・味《み》・

触《そく》・法《ほう》」と読みます。眼は外見を、舌は味を、身は触《ふ》れた感じを伝える。しかしこれもまた「無」なのです。

六根で最後の「意」には受・想・行・識以外に潜在意識も含まれます。「意」がなぜ六境では「法」になるのでしょうか。

それは人間に想像力があるからです。過去にもさかのぼれるし、未来にもいける。仏の世界も想像できなくはない。事実、十大弟子の一人、阿那律《あなりつ》(アニルッダ)は失明したのですが、感覚を超えた直感力を得て「天眼第一《てんげんだい》」とよばれました。

神通力という考えは仏教にもあります。世界中のどこでも見られる天眼通、聞きたい声が聞ける天耳通《てんにつう》などの「五神通《じんつう》」です。しかし釈迦はこの力を禁じました。その理由はパワーを使うのが人間だからです。

ですから人間はそのままでは真理の世界にはいけない。資格はあってもそのための修行が必要なのです。ですから「意」でわかるのは、教えてもらえる「法」の範囲になります。「無」で最後に否定されるのは六根と六境の十二処をベースに認識しようとする力・六識界です。これは眼識界・耳識界・鼻識界・舌識界・身識界・意識界の六つの識界です。

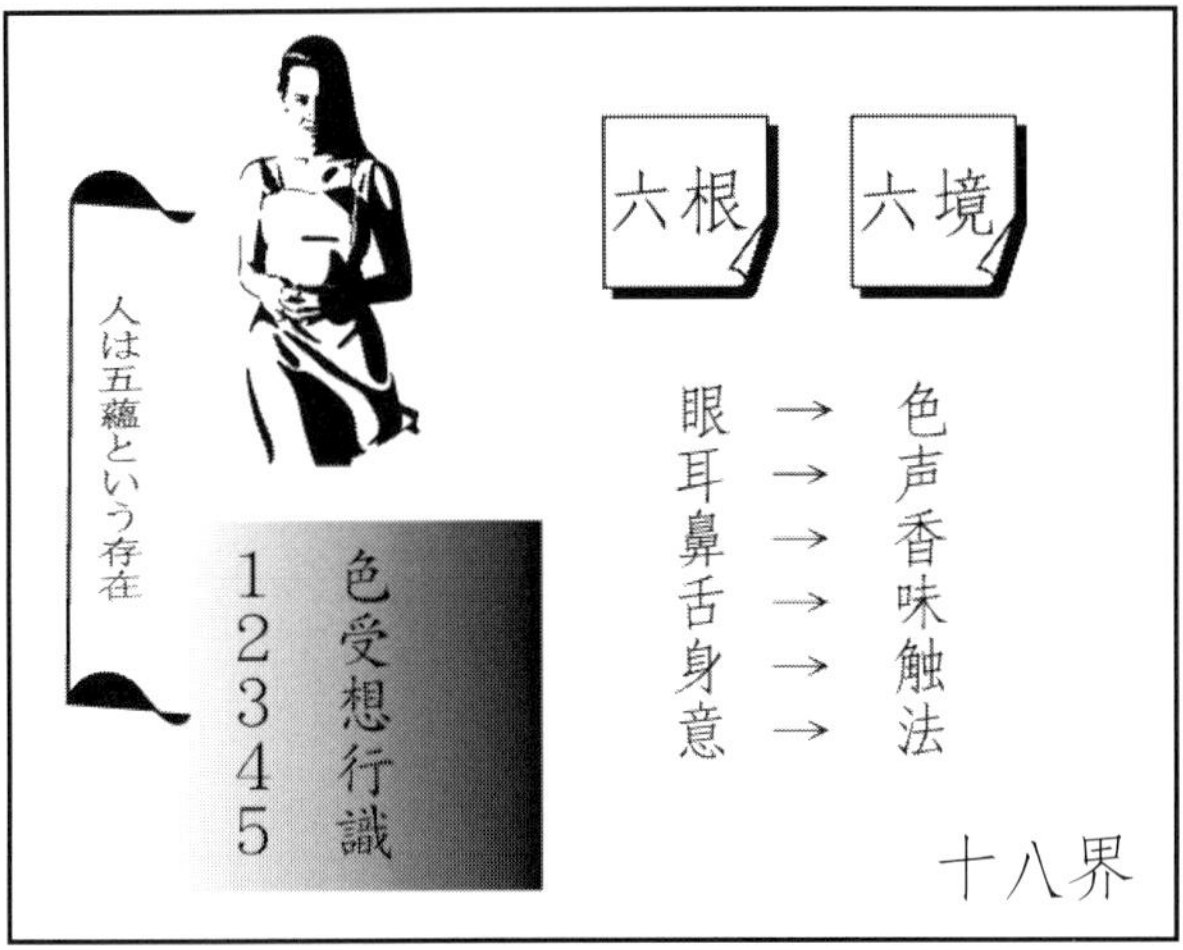

唯識論を離れると、ふつう「六根」の働きで「六境」の世界ができると考えます。あわせて十二処です。さらに「六根」の眼から意までに「識界」という意志を表わす言葉をつけて「六識界」といいます。人間が理解できる世界は合計で十八界になります。

「乃至《ないし》」とは日常でも使いますが、お経にもよく出てきます。お経では「または」ではなく「……から……までを含めて」です。ですから人間の考えられるすべての世界、十八界は「無」だというのです。

「そんなことはない。個人でも組織の中でも〝以心伝心《いしんでんしん》〟でうまくいっている」と思うのは奢《おご》りです。以心伝心は相手も同じレベルでしか起きないと仏教はいいます。ただし人間と真理とはまったく次元が違うのです。

無《む》無明《むみょう》　亦無無明尽《やくむむみょうじん》　乃至無老死《ないしむろうし》　亦無老死尽《やくむろうしじん》
無苦集滅道《むくしゅうめつどう》　無智亦無得《むちやくむとく》　以無所得故《いむしょとくこ》

……………………

無明もなく、また無明もつきない。こう考えれば老いも死もなく、また老死がつきることもない。四つの覚りもなければ、もともと得るものがないのだから、智もなく得るものはない。

ここで否定されるのは十二縁起と四聖諦です。

前項で『心経』は十八界を否定しました。ここでは前の生きものの世界・六道を含め、さらに上位の声聞、縁覚、菩薩、仏の世界まで含めた「十界」も否定しているのです。

仏教の宇宙観を否定したうえに次は人間の存在、さらには苦を抜け出す方法さえも「無《な》」いのだという。せっかくここまで知識を得てきても「ない」と言われてしまうのです。

しかし、これがすべての迷いを吹き消してしまった「涅槃」という境地です。

たとえば花が枯れ、葉がしおれてきたら、それはゴミだと私たちは思います。

では人間が相手ならどうでしょう。若いですか、美しいですか。裕福そうですか、地位はありそうですか。

このように人は相手を自分の感覚だけで判断しているのです。こう考えているうちは十界など見えるはずもないし、振り向こうともしないのです。その曇った眼を晴らすために『心経』はずっと伝えられてきました。

ここではあらためて「空」に近づくための方法として十二縁起を見直します。1の無明がすべての原因だと考える説があります。何もわからないから人間として生まれ、迷ったまま死んでいく。これを延々と繰り返すのです。

では何に対して無明なのか。それは般若の智慧です。真理を知らないから正しい判断ができない。そこで『心経』では最初の原因となる無明を否定して「無無明」、無明はないというのです。次の「亦」もお経によく出てくる字で「さらにまた」という意味ですから、「無明がないのだから、無明がつきることもない」のです。

これまで仏教には過去・現在・未来の三世の時間があるとしてきました。これをすぐに自分の人生のスケールで短い時間枠に置き換えてしまう。それが無明の業（カルマ）を背負った俗人の証拠です。

ほんとうの三世という時間はとほうもなく長く、人間には想像できません。その三世にわたってずっと生き続けるのが真理、つまり智慧です。ではその智慧にふれられるタイミングはいつか。それは人間であるいましかないのです。

「因業《いんごう》おやじ」とは頑固で他人の意見を聞こうとしない父親のことですが、仏教には「引業《いんごう》」という言葉があります。これは過去世で満たされなかった「業」のことで、これを現世で満たそうとする行為を「満業《まんごう》」といいます。このように私たちの意識と関係なく「善因善果、悪因悪果」という因果の法則は生き続けます。

十二縁起をもう一度、人間の姿に置き換えると別の人生が見えてきます。私たちは人生は一度限りで現在がいちばんだいじです。ところが仏教から見れば人が生きるとは過去世・現在世・未来世の三世界を流転していることなのです。

1の無明から始まり、胎内にやどりたいという願いが2の行で、ここまでがあなたも覚えていない過去です。

これを因として母の胎内で生命という形になるのが3　識、心も体も育つのが4　名色、六つの感覚器官が育つのが5　六入。このあとが生後になります。
外界に触れていくのが6　触、そこから苦楽を識別するのが7　受です。このように3の胎児から7の幼児までは「過去世」を原因とした「結果」で、この期間はいってみれば

三世両重因果

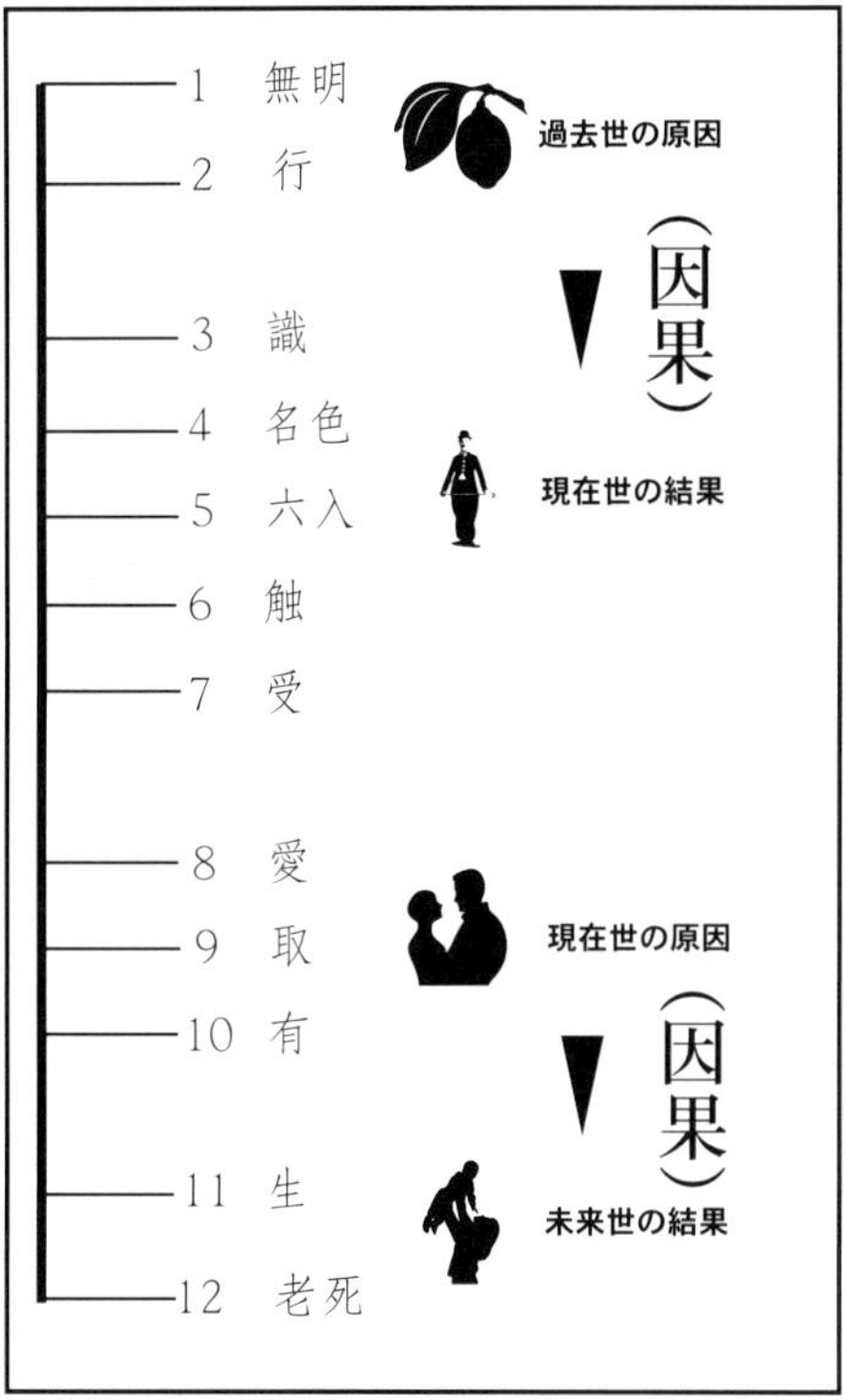

過去・現在・未来の三世にわたって人間がおかす因果。1、2の過去の原因によって生を受け、胎児のうちに3、4、5が育ち、生まれてからは6、7の世界でその果を得ます。成長すると8愛、9取、10有の行為が生と老死の原因になるのです。

まだ何も描かれていないスケッチ・ブックの白いページなのです。

ところが成長すると生まれるのは8の愛です。仏教では欲望の愛・渇愛。こうなると欲望はとどまらないから、それを自分のものにしたい執着心・9 取にとりつかれ、それを性懲《しょうこ》りもなく繰り返す。それが10 有。この毎日が「現在世」、ここで意識しないで作られる原因で未来世の11 生、12 老死が結果となって現われる。

このように人間は二つの因果を積み重ねて（両重《りょうじゅう》）、三世を生きているのです。これを「三世両重因果」といいます。

ところが『心経』では2の行から11の生までが「乃至」で省略され、「(無明がないのだから）老死もないし、さらに老と死がつきることもない」というのです。

というのも「無明」に気づくには知識や認識が必要です。それがふつうの人は真理を知る知識もないし、認識もしようとしない。

世の中は真っ暗闇（無明）ではないでしょうが、少なくとも灰色に見えることが多い。しかし深い禅定や厳しい修行をするには時間が足りない。そうしたときの人間に対する「空」からの救いが、十二縁起の否定ではないでしょうか。

　このように釈迦の最初の覚り・四聖諦と、それを実践する八正道も「無」いのです。その理由は別な覚りにあります。それは人間は〝本来無一物〟だからです。

　釈迦が王子だったとき、多くの人にかしずかれて最上の絹の着物をまとい、季節ごとに住む館が三つもあった。それを捨てて修行に入り、覚りをひらいた。その覚りの一つが縁起の法です。この法によって解脱が生まれ、涅槃という境地が示され、菩提という道が開けたのです。その根底に人間という仮の存在は〝何も持っていない〟ものという見極めがあるのです。

　赤ん坊は裸で生まれてきます。着物を着せるのは親です。成長していろいろなものを手にし、さらに知識や身分を手に入れても、それは他人から伝えられ与えられたものです。よく考えてみると縁によって自分という存在が一時的にあずかったものにすぎない。

　ですから「私だけの智、物（得）などない」、なぜなら永遠の真理・智慧の前には限られた生命の人間は得るものがない（無所得）存在なのです。

　一休禅師でさえ〝借りおきし五つのものを四つ返し　本来空にいまぞもとづく〟と「空」に帰るという辞世の句を残しています。

菩提薩埵《ぼだいさった》　依般若波羅蜜多故《えはんにゃはらみったこ》　心無罣礙《しんむけいげ》　無罣礙故《むけいげこ》　無有恐怖《むうくふ》　遠離一切《おんりいっさい》

顛倒夢想《てんどうむそう》　究竟涅槃《くきょうねはん》

覚りを得ようと修行する者は般若波羅蜜多に従っているので、心に妨げがなく、妨げがないから恐れるものがなく、いっさいの誤った考えから遠く離れて、涅槃の世界に到達できる。

釈迦は出家する前に男の子が生まれますが、その知らせを聞いた釈迦は「新しく破らなければならないラーフラ（妨げ）ができた」といい、それがそのまま子どもの名になりました。漢字の羅睺羅は前にも出てきました。

釈迦も出家するまでは親子関係にも悩むひとりの男性だったのです。

身分を捨てて最初、釈迦は師について瞑想法を習うのですが、これをマスターしてもまだ迷いが残る。そこで苦行林とよばれる森林の中でさらに苦行を続ける。断食から汚物を

四念処

1　身念処

2　受念処

3　心念処

4　法念処

覚りを得る「観」の一つに四念処という観法があります。
1身念処・我が身は汚れたもの、
2受念処・感覚は苦しみだけを与え、
3心念処・心はいつも変化し、
4法念処・世界と自分には実体がない、
と「観」ずる修行法です。

食べる修行までしたのですが、それでも覚りは得られなかったのです。

菩提を「覚り」といってきましたが、じつは初期の仏教ではあまり重要視されず、修行者の心得や応援のほうにポイントがおかれていました。つまり仏教が成熟するにつれて「菩提」は重要な項目になったのです。

ではその覚りを目指す菩提薩埵とはどんな人たちなのか。これにはいろいろな説があります。しかし私たちよりも相当、強い精神力を持ち、高度な修行法を体得している人と思えばいいでしょう。

その人たちは般若波羅蜜を実践しているから、心に妨げ（罣礙）がない。妨げがないから恐れるものがない。

よく「ぼけないためには布団《ふとん》をかぶってお金を勘定していればいい」といいますが、持っているものを失うのは人には恐怖です。しかし、たとえ巨万の富を積もうが人間はやがて死ぬ。お金を持っていても、それは延命の方法がいくらか増えるだけです。

あなたが歳を加え、さんざんな苦労を乗り越えて仏教の入口に立ったとしましょうか。いくつかの安心を手に入れ、あるとき菩薩に「あと百年の寿命を与えよう」と言われてもとまどうだけです。

だから仏教は「いま、覚れ」というのです。いまでも目前に「覚り」はあるのですが、人が知ろうと思わないだけです。

ですから真理をきわめようとする修行者ならば「いっさいの顚倒夢想」から遠く離れて、心静かな涅槃という境地に近づけるのだと『心経』は説きます。「顚倒」をいまでは「転倒」と書きますが、まさに「本末転倒」している存在が人間です。

三世諸仏《さんぜしょぶつ》　依般若波羅蜜多故《えはんにゃはらみったこ》　得阿耨多羅三藐三菩提《とくあのくたらさんみゃくさんぼだい》
故知般若波羅蜜多《こちはんにゃはらみった》　是大神呪《ぜだいじんしゅ》　是大明呪《ぜだいみょうしゅ》　是無上呪《ぜむじょうしゅ》　是無等等呪《ぜむとうどうしゅ》
能除一切苦《のうじょいっさいく》　真実不虚《しんじつふこ》

……………………

三世の諸仏は般若波羅蜜多を実践したので、このうえない最高の覚りを得た。このように般若波羅蜜多を実践する行こそが偉大な真言であり、覚りのための真言であり、最高の真言であり、ほかに比べようもない真言であり、これによってあらゆる苦しみを除くことはまぎれもない。

涅槃とは欲望をすべて吹き消した状況ですが、釈迦は三十五歳でこの境地になってから四十五年あまりも布教を続けました。本来、釈迦は覚りを得た時点で仏陀となっており、三劫《こう》という無限に近い寿命を得ています。

この一劫とは一片が数万キロもある巨大な石を天女が百年に一度降りてきて、袖《そで》でさらっとなでて石がすりへってなくなるまで。あるいは蔵いっぱいの豆を鬼が百年に一度、一粒ずつ持ち出してなくなるまでという説がありますが、どちらも無限と思える時間です。

ところが最後の旅で、病気になった釈迦は自分から入寂を告げ、「私は疲れた」と二本の沙羅樹《さらじゅ》の下で北に頭を向け横たわって亡くなりました。そのとき、大地は振動し空は鳴り響いて悲しんだといいます。

そこで釈迦が入寂したときをべつに「入涅槃《にゅうねはん》」というようになりました。

釈迦が伝えたように、人間がサルから進化する前から諸仏の「真理」は存在し、人間が滅亡しても存在するのです。

仏像も同じです。現存した人物像以外は、仏像はお経に定められたフォーマットに従っているのです。ですから本当の仏の姿は自分の中に眠っているかもしれません。

自分で像を刻み、これを心の支えにしてもいいのです。問題は自分を刻むという意識がなく、周囲に不平不満ばかり抱く心にあるのです。

その心は「自分」という意識にこだわりすぎて、自分でハードルを高く設定してしまったことにあります。

入涅槃のとき、釈迦が北を枕に横たわったのが沙羅樹の下でした。日本には沙羅双樹という白い花をつけるツバキ科の花木がありますが、本当のインド沙羅樹は黄色い花で堅い木材の代表です。日本人はイメージだけで仏教を誤解していることが多いのです。双樹も二本ではなく、数本という説もあります。

子どものときは「勉強もできてお行儀もよく」、成長すれば「仕事をてきぱき」とこなすのが「私」という自意識を作ってしまった。

そうではなくて、いつも周囲との関係で人間は生きていて、あなた自身はいまでも作られつつある存在です。テレビを見なくてもあなたは生きられますが、あなたに注意をはらってくれる人がひとりもいなかったら生きる気力もなくなります。

『心経』の「阿耨多羅三藐三菩

提」は「アヌッタラ・サムヤック・サンボーディ」を漢字に置き換えたもので、無《む》上《じょう》正《しょう》等《とう》正《しょう》覚《がく》や無《む》上《じょう》正《しょう》等《とう》覚《がく》などともいいますが、仏に達したものが得られる完全な正しい智慧、つまり般若の智慧です。「阿耨多羅三藐三菩提」という言葉はほかのお経にもたびたび出てくる仏教の最高の智慧のことなのです。

最澄は比叡山延暦寺を開くにあたって、「阿耨多羅三藐三菩提の仏たち　わが立つ杣《そま》に冥《め》加《か》あらせたまえ」と詠っています。

「大神呪　大明呪　無上呪　無等等呪」はいずれも真言の種類です。空海は「大神呪」を声聞の真言、「大明呪」を縁覚の真言、「無上呪」が大乗の真言、「無等等呪」を「秘蔵の真言」と分けていますが、私たちにはどれもすばらしい真言です。「この真言によっていっさいの苦が除くことは間違いない」のです。

故説般若波羅蜜多呪《こせつはんにゃはらみったしゅ》　即説呪曰《そくせつしゅわつ》　羯帝《ぎゃてい》　羯帝《ぎゃてい》　波羅羯帝《はらぎゃてい》　波羅僧羯《はらそうぎゃ》帝《てい》　菩提僧莎訶《ぼじそわか》　般若心経《はんにゃしんぎょう》

ゆえに般若波羅蜜多の真言を説こう。その真言とは〝往き　往きて　彼岸に往き　完全に彼岸に到達したものこそ　覚りそのものである　めでたし〟　般若心経

「即説呪曰」を直訳すれば「すなわち呪を説いていわく」となり、ここで一息入れます。

つまりこのあとの真言こそが『心経』のエッセンスになるのです。

「羯帝」から「菩提僧莎訶」までは真言の音写なのです。

ですから「羯」は「掲」という文字を、「帝」には「諦」をあてる訳者もいますし、「僧莎訶」を「娑婆訶」と書いても発音が同じならかまわないのです。右の読みどおりでもいいし、べつに「ギャーティ　ギャーティ　パーラギャーティ　パーラサンギャティ　ボー

ギャティ …………………… 声聞
ギャティ …………………… 縁覚
ハラギャティ
…… 菩薩行を実践する
ハラソウギャティ
…… 真言の教えを実践する

ボジソワカ
…… そのすべてが覚りに続く

秘蔵真言分

空海はギャティ以下を秘蔵真言分とし、さらに五つに分けています。最初のギャティは声聞の覚り。以下、2縁覚　3菩薩行　4真言密教をさし、最後にこれらすべてによって覚りに入るとしています。

ディスバーハー」（ギャティーはガテーとも）ともなります。

真言は唱えるだけで効果があるのですから、文字のむずかしさにとらわれないことです。

空海は『般若心経秘鍵』のなかで原語のままあげて、それぞれの内容を上の図のように解説しています。

もちろん言葉自身の意味はべつにあります。それは、

〝ギャティ〟は「往き」
〝ギャティ〟「往きて」
〝ハラギャティ〟「彼岸に往き」
〝ハラソウギャティ〟「彼岸に完全に往きついた」
〝ボジソワカ〟「その覚りの世界は幸いかな」

です。

「ソワカ（僧莎訶）」は真言の最後につけられる言葉で「吉祥《きっしょう》・円満・成就」という意味です。

こうして最後に「般若心経」、〝智慧の完成について、もっとも肝要な教えを述べた経典〟と述べて、お経は終わります。

「空」の境地に入ればすべての苦しみは去り、こだわりなく、あるがままに生きられる。その覚りに入るために唱える真言が、

〝ギャティ　ギャティ　ハラギャティ　ハラソウギャティ　ボジソワカ〟

なのです。

付・『心経』を
毎日に生かす

1

誦んでみる

仏にふれる始めと終わりに誦まれる短いお経

空海は「生まれ生まれ生まれ生まれて生の始めに暗く、死に死に死に死んで死の終わりに冥《くら》し」と述べています。これは何度、人間に生まれても、苦しみから抜け出し、心が安定するには「仏の教えにふれなければならない」ことを指しています。

見回すと私たちは幸いにも環境に恵まれています。そのことにいままでは気づかなかっただけなのです。たとえ観光バスで寺院や霊場を駆けめぐろうと仏教の常識を知っておけば、心はもっと落ち着いてきます。

じつは読経にもフォーマットがあります。詳しくは菩提寺にたずねなければなりませんが、読経は、

一　前に述べた『懺悔文』や『開経偈』『三帰依文』に始まり、

二　宗派ごとの常用経典を読む
三　回向文などで終わる
というのがだいたいの順序です。そこではまず、自分の小ささを認めることがスタートなのです。

そこで『開経偈』を見ましょう。

無《む》上《じょう》甚《じん》深《じん》微《み》妙《みょう》法《ほう》　百《ひゃく》千《せん》万《まん》劫《ごう》難《なん》遭《そう》遇《ぐう》
我《が》今《こん》見《けん》聞《もん》得《とく》受《じゅ》持《じ》　願《がん》解《げ》如《にょ》来《らい》真《しん》実《じつ》義《ぎ》

この偈は天台宗、真言宗、浄土宗、浄土真宗、曹洞宗、日蓮宗などは必ず読みます。このように宗派の立教の年代は違っても、仏と人間のスタンスは一貫しているのです。

さて、ここまで進んでくると解説はあまり必要ないでしょう。

〝このうえなく深くすばらしい（無上甚深微妙）仏の教え（法）は、
どんなに長い時間をかけても（百千万劫）、めぐりあうのは（遭遇）むずかしい（難）のです。

自帰依仏《じきえぶつ》　当願衆生《とうがんしゅじょう》　体解大道《たいげだいどう》　発無上意《ほつむじょうい》

自帰依法《ほう》　当願衆生　深入経蔵《じんじゅきょうぞう》　智慧如海《ちえにょかい》

自帰依僧《そう》　当願衆生　統理大衆《とうりだいしゅ》　一切無礙《いっさいむげ》

三帰依文

「自」は私、「仏・法・僧」に対して帰依し、「当」は「まさに」、「願衆生」は「願わくは衆生とともに」と読みから、

1　大道を体解して無上意を起こし、
2　経蔵に深く入って智慧を海のようにし、
3　大衆を統理していっさい無礙

を誓うのです。

私はいま、おうかがいし（我今見聞）、受持することを得ました（得受持）。願わくば（願）如来の真実の教え（如来真実義）を、理解させて（解）いただきたい〟が『開経偈』の意味です。

真言宗や曹洞、臨済をはじめとした禅門では、このあとに『心経』を読みます。

宗派ごとに定められたお経を読み終わったら最後に回向文や回向偈を読みます。もともと回向というのは自分のよい心、よい行ないを他に「回して向ける」という意味で、法要だけではなく日常の心の持ち方を表わしているのです。これは「自分だけは

特別」と思いこんでいるうちはできないことです。
ですから寺院や信者の〝おつとめ〟（勤行《ごんぎょう》）のまとめが回向文です。呼び方は総回向や普回向など宗派によって違います。

願似此功徳《がんにしくどく》　普及於一切《ふぎゅうおいっさい》（願わくは此《こ》の功徳を似《もっ》て、普《あまね》くいっさいに及ぼし）
我等与衆生《がとうよしゅじょう》　皆共成仏道《かいぐじょうぶつどう》（我らと衆生と、みなともに仏道を成《じょう》ぜんことを）

功徳、普及、我等などは読み方が違うだけで日常語です。このように入口は身近です。
浄土宗や浄土真宗では総回向偈という回向文を読みます。それは、

願似此功徳《がんにしくどく》　平等施一切《びょうどうせいっさい》（願わくはこの功徳を以《もっ》て平等に一切に施し）
同発菩提心《どうほつぼだいしん》　往生安楽国《おうじょうあんらくこく》（同じく菩提心を発《おこ》して安楽国に往生せん）

ここでも重要視されているのは「平等」です。

2 書いてみる

写経というと『般若心経』と思いこみがちですが、ほかのお経でもかまいません。ただし『理趣経』の「百字の偈」といったものを除けば、いずれも『心経』よりは長いので、お経の意味がよくわかるようになってからのステップです。

写経のポイントはお経を通じて一字一仏と思って精神を集中させ、真理に近づく姿勢を養うことです。ですから場所は静かなところを選びます。坐禅も観も静かな場所で行なうのと同じ理由です。

『心経』ですと、手本に用紙をのせて上から写す、薄く印刷された経文をなぞるなどいろいろな方法があります。罫線の入った専用の用紙もあり、さすがに充実しています。

厳密には手肌に塗る香や写経用の筆、口に含む丁子《ちょうじ》という香。墨も金泥、銀泥と二種あ

り、口を覆う紙の覆面が必要です。実技でも墨のすり方、筆の持ち方などがあるので、写経の会に参加するのがいちばんでしょう。

とりあえず自宅で書いてみたいと思うなら、習字用具と紙を用意し、手や口を洗って静かな場所で『心経』を開き〝浄写〟する気持ちで書き始めるのです。

字のうまさは関係ありません。もともと経典は印刷のない時代は書き写すしかなかったので、日本でも奈良時代は専門の公務員である僧が写経をし、続いて有力な寺院と貴族が写経所を作ったのです。

いわばプロの手なのですからまねようと思っても無理なのです。さらに名僧といわれる人は文字もうまいし、書道は芸術にもなっているのですから、字の上達を待っていたら仏教にふれるタイミングが減ってしまいます。

まず開経の偈、般若心経を読誦します。

一行目に『(仏説摩訶)般若波羅蜜多心経』と書きます。

経文は一行十七字、十八行で書くのがふつうですが、なれないうちはあまり意識しなくてもかまいません。

結びの真言と最後の『般若心経』は行をあらためる、最後の『般若心経』は一行あけるなどは細かい違いがあり、さらに願文などが続くので、正確には写経のテキストや指導に従ってください。

最後に日付、名前、謹写を一行で書きます。

さらに校正をし、誤字・脱字がないかを確認します。誤字は筆先で点を打ち、その行の欄外に書く。脱字は脱字した文字と文字の間に点を打ち、行末にその字を書いて脇に点を打って書く、などと校正法は独特ですが、写経は途中で失敗しても破いたり捨てたりしてはいけませんし、原則として中断してもいけないのです。

最後に回向文を読誦します。

書き上がった写経は寺院や納経所に納めます。写経を他人に送ったりするのは感心できません。なぜなら写経は自分の煩悩を消す修行だからです。まして相手に仏壇もなかったら置き場所にも困ってしまいます。

3 歩いてみる

空海の足跡をたどる四国八十八カ所の遍路は全長千四百キロあまり、歩けば四十日はかかります。それも徳島県を発心《ほっしん》の道場として、高知県が修行の道場、愛媛県を菩提の道場、そして香川県が涅槃の道場と順序に従って心が磨かれていくのです。

浄土宗の法然上人には二十五霊場、浄土真宗の親鸞聖人には二十四輩霊跡、日蓮宗には二十一か寺詣りと宗派によって重要視する霊場がありますが、残念ながら誰もが詣でるチャンスにめぐまれてはいません。

では霊山ならどうでしょうか。登らなくてもあおぎ見ることはできます。ただ北海道と沖縄にはないので、これまた誰もがというわけにはいきません。

歩くことのポイントは日常を抜け出すことなのです。せかせかといつもの近回りルートではなく花をたずねる、水辺を歩く。目標へ移動するのではなく、ただ歩いてみようかと思ったとき心は仏に向いているのです。

すると咲いている花は暖かく、しぼんだ花は冷たいのが自分でさわってわかるようになります。

少し足を延ばせばお地蔵さまや道祖神《どうそじん》の石像にも出会います。お地蔵さまが六体並んでいれば、それは六地蔵といい六道のどこにいてもお地蔵さまが救いの手をさしのべてくれることを意味しています。

道祖神は「さえのかみ」とよばれる中国生まれの神様で、疫病や災厄から土地の人を守るためにまつられたものです。

馬頭観音は頭上に馬の頭があるのですぐに見分けがつきます。庚申塚《こうしんづか》は六本の手、三つの目を持ち、邪鬼を踏みつけている青面金剛《しょうめんこんごう》をまつっています。足下には「見ざる、聞か

庚申塚はもともと中国の民間信仰で、奉られているのは青面金剛という三つの眼、六本の手には武器を持っています。

ざる、言わざる」の三匹の猿が刻まれています。

　もともとこの塚は中国に「庚申《かのえさる》」の日の深夜、体からはいだした虫がその人の行状を天帝に報告するという言い伝えがあり、これが平安時代から日本でもおおいに信仰されたのです。

　そのため、この夜は徹夜で講というパーティーが開かれ、塚は六十年ごとに建てられたのです。神道では猿《さる》田《た》彦《ひこ》の尊像を刻みます。「不許葷酒入山門」と刻まれた石碑はその寺院が禅門である証拠です。「葷酒《くんしゅ》、山門に入るを許さず」と読みます。「葷」とはニラ、ニンニクといった強い匂いを持つ植物、酒は般若湯と寺院ではいいますが、もとは厳しい寒さに耐えるために許された一杯の甘酒のことです。「葷酒」はともに修行の場である寺院に持ち込んではならないのです。

なぜなら坐禅は朝から夜まで、決められた時間には必ずしなければならない修行だからです。

このように観光で訪ねる寺院も修行の場であることを忘れてはいけません。

4 寺院を訪ねる

寺院で私たちがふつう訪ねられるのは信者寺という寺院か、特別に門を開いている寺院だけです。団体ツアーで詣でるにせよ、縁起、沿革などを知っておくことは最小限の心構えです。

寺院というと阿吽《あうん》の二体の仁王像さまが浮かんできますが、これは金剛力士像といい、右のカッと口を開いたのが阿形《あぎょう》の那羅延《ならえん》金剛、左の口を真一文字に結んだ吽形《うんぎょう》が密迹《みつじゃく》金剛

といい、ともに寺院を守るのが役目です。

つまりここが俗界と聖界を区別する場所なので、正しくは仁王門の前で一礼します。これは神社でも同じで鳥居の前で一礼するのです。

寺院の門をくぐれば、そこは修行の場であり、聖域であることを覚えておいてください。前に蔓茶羅が出てきましたが、最近の仏教用語では蔓茶羅を聚集といい、諸仏、諸菩薩が集まる聖なる場所と定義しています。

寺院の門を山門《さんもん》といいますが、寺は「……山……寺」という山号《さんごう》を持っています。修行場が山にあったことを示すのが山号です。

これとはべつに三つの数を示す三門があります。これは三解脱門といい、空・無相・無願という覚りへの段階を示しています。三門を構える京都・知恩院、南禅寺、大徳寺などの有名な寺院はそれぞれ浄土宗の総本山、臨済宗南禅寺派大本山、臨済宗大徳寺派大本山です。

門を入ると水屋があり、ここで手と口を清めます。まず右手で柄杓《ひしゃく》をとって左手を洗います。柄杓を左手に持ちかえて右手を洗ったあと、手のひらに水をためて、この水で口をすすぎます。

もう一度、右手を洗った後、柄杓を立てて残った水で柄杓を洗います。

こうしてから本堂に向かうのですが、寺院の中の建物の配置は宗派によって違います。また重要視されるお堂も違うので、参拝の順序などは寺院の人にたずねたほうがいいでしょう。

数珠《じゅず》（念珠）を持っていくようなら、各宗派によって持ち方も違います。もともと数珠はお経では「百八個の木の実で一つの輪を作り、仏・法・僧の三宝をたたえるごとに一つずつ珠を数え、百万回繰り返すことで百八の煩悩が絶てる」とされていますが、現在では五十四個以下のものもあります。

数珠は最初、インド菩提樹の実で作られたといわれますが、いまでは真珠から貴金属製のものまであります。こうした身近な法具の使い方さえ忘れている人が多いのです。

こうした素朴な疑問は墓参の折りに寺院にたずねてみることです。また、各宗派ごとの指導書がありますので、くわしくはそちらへ進んでください。

いずれにしても、自分への問いかけから仏教は始まります。少しずつ仏教の考えがわかってくるにつれ、目に見える世界が光を取り戻してきます。

「一切衆生《いっさいしゅじょう》　悉有仏性《しつうぶっしょう》」――すべての人に仏になれる素質はあると仏教は考えるのです。あとは自分で気づくかどうかです。

「ソワカ（幸いなるかな）」と仏も教えているのですから。

監修の言葉

以前、日本のある政治家がアメリカを訪ねたおり「日本人の考え方の基本は『色即是空空即是色』だ」と言いたかったのを、「カラー・イズ・スカイ、スカイ・イズ・カラー」と直訳してスピーチしてしまい、アメリカ人の聴衆をあぜんとさせたことがあります。

ある意味では「日本人を理解するのはとてもむずかしい……」ことにはなったかもしれませんが、私はこの話を聞いてとても残念でした。それでなくても日本人でさえ、ほとんどの方が「お経」、つまり「お釈迦さまの教え」をきちんと理解しておらず、ただ呪文のように唱えているか、聞いているだけです。これでは「仏法も正しい教えが伝わらない末法と化している」と世界から思われてしまいがちなのです。

もちろん、『般若心経』にかぎらず、どのお経でも、内容を理論だけで解釈できたからといって、それはけっして「覚り」を得られたことにはなりません。むしろ、理論ばかりにかたよるよりも、意味はわからずとも毎日、感謝のうちに読経している姿のほうが、仏の智慧に近づいていると思えます。

じつはアメリカでも『般若心経』は『ハート・スートラ』という経題で英訳されており、意味もわかりやすくなっています。

しかし、「真言」の部分は英訳でもやはりサンスクリット語がそのまま音写されています。翻訳するにはあまりにも深い意味なので、二千年以上そのままなのです。言い換えれば、この「真言」の部分がおのずと理解できれば、広い意味で「覚りに近づいた」と言えると思います。

しかし、名だたる高僧でさえ日本語に翻訳できなかった、この真言の部分を世俗的な生活をしている私たちが本当に理解できるのでしょうか。

浄土真宗の開祖・親鸞聖人は、この『般若心経』をいっさいの門徒に経典として用いさせませんでした。というのも庶民には理解しがたいと判断したからです。また一方、法華宗を開いた日蓮上人は、『法華経』以外の経典を邪経としました。『般若心経』を用いない二つの宗派ですが、そこにはまったく違った理由があるのです。

先の政治家のスピーチで彼が言おうとしたことは、仏教的な誤訳はべつとして、日本語の意味あいではまったくの間違いとは言いきれないのです。その証拠に日本文化そのものに、『色即是空　空即是色』を匂わせる表現が多く見られます。

代表的なものが「いろは歌」です。この作者は不明ですが、少し前まではほとんどの日本人にとってひらがなを覚えるための身近な基礎学習でもありました。しかし、いまの教育環境で「いろは歌」を見るのはまれです。ほんとうは「いろは歌」は本文にも出てくる「偈」の一つであり、仏教への入口なのです。しかし、この「いろは歌」をどれだけの方が一字一句を暗唱でき、その意味を理解できているでしょうか。

本書は、基本的には『般若心経』の解説書ですが、そればかりでなく現代人が忘れかけている「日本人の心」、言葉をかえれば「仏教精神」をもよびさませてくれるでしょう。じつは本書の原稿が、現在、ニュージャージー州に住む私の手元に届いたのはアメリカで同時多発テロが起きた日でした。所要で他州に出かけておりましたが、帰途、ワシントンの悲惨な現場を通りかかり、「何と悲しい事件が起きたものだ……」と列車の車窓からですが、合掌礼拝をさせていただきました。帰宅後、「『般若心経』は、いまの自分の気持ちを代弁している……」と悲しい気持ちと、ありがたい気持ちを複雑にからめながら、読者の立場になって何度も何度も読み返し監修しました。

文明がどれだけ発達し、便利な世の中にはなったとしても、さまざまな悲劇や現代病とも言える混迷の時代にとまどい、心身ともに乾ききってしまった現代人の心に、本書が「一滴《ひとしずく》の潤《うるお》い」をご提供できれば、いまや私と一体となった「花山勝友」も、お浄土で喜んでいるに違いありません。

最後に本書の出版にあたり惜しみなくご尽力くださされた方たちに、心より感謝申しあげたいと思います。

色は匂へど、散りぬるを
我が世誰ぞ、常ならむ
有為の奥山、今日越えて
浅き夢みじ、酔ひもせず

（「いろは歌」）

合　掌

平成十三年九月二十一日

二代目　花山勝友

【参考文献】

『ダライ・ラマの仏教入門』ダライ・ラマ著・石濱裕美子訳　光文社
『あなただけの般若心経』中村元監修　小学館
『寂聴　般若心経』瀬戸内寂聴著　集英社
『絵で読む般若心経』花山勝友著　日本実業出版社
『往生要集』　花山勝友訳　徳間書店
『般若心経・金剛般若経』　中村元・紀野一義訳註　岩波書店
『仏教用語の基礎知識』　山折哲雄編著　角川書店
『絵図入り仏教入門』　大法輪選書　大法輪閣
『仏教べんり事典』　大法輪閣
『空海　般若心経秘鍵』　金岡秀友訳・解説　太陽出版
『弘法大師　空海全集』　弘法大師空海全集編輯委員会編　筑摩書房

『唯識入門』　高崎直道著　春秋社
『般若心経は語る』　新居祐政著　東方出版
『経典ガイドブック』　宮本啓一著　春秋社
『ブッダのことば　スッタニパータ』中村　元訳　岩波書店
『お経の本』　学習研究社
『寅さんの教育論』　山田洋二著　岩波書店
『仏教聖典』　(財)仏教伝道協会
『仏教語源散策』　中村元編著　東京書籍
『新仏教語源散策』　中村元編著　東京書籍
『仏教のことば』　奈良康明編　日本放送出版協会
『仏教を知る辞典』　菊村紀彦著　東京堂出版
『ブッダ物語』　中村元・田辺和子著　岩波書店
『仏教語入門』　宮坂宥勝著　筑摩書房

イラスト・まきのこうじ

知恵の森
KOBUNSHA

[図解《ずかい》]般若心経《はんにゃしんぎょう》のすべて

監　修 — 花山勝友（はなやましょうゆう）

2001年　11月15日　初版1刷発行
2007年　8月10日　10刷発行

発行者 — 古谷俊勝
印刷所 — 大日本印刷
製本所 — DNP製本
発行所 — 株式会社 光文社
東京都文京区音羽1-16-6〒112-8011
電　話 — 編集部(03)5395-8282
販売部(03)5395-8114
業務部(03)5395-8125

ISBN978-4-334-78126-2　Printed in Japan

お願い

この本をお読みになって、どんな感想をもたれましたか。「読後の感想」を編集部あてに、お送りください。また最近では、どんな本をお読みになりましたか。これから、どういう本をご希望ですか。

どの本にも誤植がないようにつとめておりますが、もしお気づきの点がございましたら、お教えください。ご職業、ご年齢などもお書きそえいただければ幸いです。当社の規定により本来の目的以外に使用せず、大切に扱わせていただきます。

東京都文京区音羽一-一六-六
(〒112-8011)
光文社〈知恵の森文庫〉編集部
e-mail:chie@kobunsha.com